빅보스
왕초보
스페인어회화

Language Books

**빅보스
왕초보
스페인어회화**

초판 1쇄 발행 2018년 8월 1일
초판 1쇄 인쇄 2018년 7월 20일

지은이	문지영
기획	김은경
편집	이지영
디자인	IndigoBlue
발행인	조경아
발행처	랭귀지북스
주소	서울시 마포구 포은로2나길 31 벨라비스타 208호
전화	02.406.0047
팩스	02.406.0042
홈페이지	www.languagebooks.co.kr
이메일	languagebooks@hanmail.net
등록번호	101-90-85278 **등록일자** 2008년 7월 10일

ISBN 979-11-5635-084-2 (13770)
값 16,000원
ⓒLanguageBooks, 2018

이 책은 저작권법에 따라 보호받는 저작물이므로 무단 전재와 무단 복제를 금지하며,
이 책 내용의 전부 또는 일부를 이용하려면 반드시 저작권자와 **랭귀지북**스의 서면 동의를 받아야 합니다.
잘못된 책은 구입처에서 바꿔 드립니다.

이 도서의 국립중앙도서관 출판예정도서목록(CIP)은 서지정보유통지원시스템 홈페이지(http://seoji.nl.go.kr)와
국가자료공동목록시스템(http://www.nl.go.kr/kolisnet)에서 이용하실 수 있습니다.(CIP제어번호: CIP2018018899)

빅보스
왕초보
스페인어회화

Language Books

El preámbulo 머리말

한눈에 쏙 들어오는 큰글씨로 구성된 **〈빅보스 왕초보 스페인어회화〉**는 일상에서 쓸 수 있는 스페인어회화만을 담았습니다. 스페인어는 UN 공용어이자 영어 다음으로 세계에서 가장 많이 쓰는 언어입니다. 최근 스페인어권 국가가 많은 남미로 우리나라 기업들의 진출이 활발해지면서 제2외국어로도 주목을 받고 있습니다. 그러나 복잡한 동사변화와 문법 때문에 스페인어 공부에 도전했다가 포기하는 학습자가 많습니다.

그런 분들을 위해 **〈빅보스 왕초보 스페인어회화〉**는 수년간 스페인 마드리드에 거주하며 보고, 듣고, 느끼고 체험한 생생한 스페인어회화를 소개합니다. 나의 스페인어 실력을 '크게' 성장시킬 이 책으로, 이제 당신도 스페인어 빅보스가 될 수 있습니다.

문지영

Las características de este libro 이 책의 특징

● 스페인어 글씨가 한눈에!

스페인어 공부 자체도 어려운데, 작고 빽빽한 스페인어 글씨에 지친 학습자를 위한 '큰글씨' 스페인어회화 책입니다. 한눈에 보여서 쉽고, 스페인 사람들과 바로 통하는 표현들만 있어 더 쉽게 다가오는 이 책으로 이제 막힘없이 스페인어를 말해 보세요.

● 스페인어 표현이 한눈에!

왕초보에서 초·중급까지 모두에게 필요한 스페인어가 여기에 있습니다. 인사, 여행, 쇼핑, 사건 & 사고 등 언제 어디서든 쓸 수 있는 상황 표현들로 구성했습니다. 이제까지 보디랭귀지와 단어 나열로 상황을 모면했다면, 지금부터는 이 책에서 공부한 표현들로 마음껏 이야기해 보세요.

● 스페인어 발음이 한눈에!

왕초보도 스페인어를 쉽게 읽을 수 있도록 원어민 발음에 최대한 가까운 한글 발음을 각 표현 밑에 표기했습니다. 단어와 단어 사이가 연음되는 부분까지 세심히 체크하여 반영한 한글 표기를 따라 읽고 제공되는 MP3를 비교해 들으면서, 자신 있게 현지 발음을 구사해 보세요.

Free MP3 Download
blog.naver.com/languagebook

 콜롬북스 앱을 통해 본 교재의 MP3 파일을 스마트폰으로 직접 다운로드 하여 학습하세요.

● 스페인어 알파벳

1. 알파벳 Abecedario 아베쎄다리오   MP3. C00

스페인어는 모음 5개와 자음 22개를 합쳐 총 27개의 알파벳으로 구성되며, 2010년 개정된 철자법에 따라 알파벳에 속하지 않지만 추가로 2개의 복합문자(ch, ll)가 있습니다. 스페인어의 가장 큰 특징은 알파벳을 '소리 나는 대로' 읽는다는 것과 된소리가 가능한 발음들은 된소리를 강하게 살려 발음해야 한다는 것입니다.

A / a 아	B / b 베	C / c 쎄
el **a**mor 엘 아모르 사랑	el **b**año 엘 바뇨 화장실	la **c**ereza 라 쎄레싸 체리
D / d 데	E / e 에	F / f 에페
el **d**ado 엘 다도 주사위	la **e**stación 라 에스따씨온 역	la **f**lor 라 플로르 꽃

G / g 헤	**H / h** 아체	**I / i** 이
la **g**ente 라 헨떼 사람들(집합명사)	la **h**oja 라 오하 잎사귀	la **i**dea 라 이데아 아이디어
J / j 호따	**K / k** 까	**L / l** 엘레
la **j**oya 라 호야 보석	el **k**iwi 엘 끼위 키위	el **l**ibro 엘 리브로 책
M / m 에메	**N / n** 에네	**Ñ / ñ** 에녜
la **m**ano 라 마노 손	la **n**ariz 라 나리쓰 코	el **ñ**iño 엘 니뇨 남자 아이
O / o 오	**P / p** 뻬	**Q / q** 꾸
el **o**rden 엘 오르덴 순서	el **p**adre 엘 빠드레 아버지	la **q**ueja 라 께하 불평

R / r 에레	**S / s** 에쎄	**T / t** 떼
el **r**atón 엘 라똔 쥐	el **s**alón 엘 쌀론 거실	la **t**elevisión 라 뗄레비시온 텔레비전
U / u 우	**V / v** 우베	**W / w** 우베 도블레
la **u**va 라 우바 포도	la **v**aca 라 바까 암소	el **w**hisky 엘 위스끼 위스키
X / x 엑끼스	**Y / y** 예	**Z / z** 쎄따
el ta**x**i 엘 딱씨 택시	el **y**ate 엘 야떼 요트	el **z**apato 엘 싸빠또 신발
CH/ch 체	**LL/ll** 에예	
el **ch**ico 엘 치꼬 남자	la **ll**uvia 라 유비아 비	

2. 발음

(1) **A** 아는 '아'로 'ㅏ' 소리입니다.

(2) **B** 베는 '베'로 'ㅂ' 소리입니다.

(3) **C** 쎄는 '쎄'로 'ㅆ' 소리를 가져야 하지만, 만나는 모음에 따라 'ㅆ', 'ㄲ' 혹은 'ㄱ' 받침소리도 냅니다.

① 다음과 같이 c가 모음 'a 아, o 오, u 우'를 만나면 'ca 까, co 꼬, cu 꾸' 소리를, 모음 'e 에, i 이'를 만나면 'ce 쎄, ci 씨' 소리를 냅니다.

모음	a 아	e 에	i 이	o 오	u 우
c	ca 까	ce 쎄	ci 씨	co 꼬	cu 꾸

② c가 반복되는 경우 앞 c는 'ㄱ' 받침으로 발음됩니다.
  예 la dire**cc**ión 라 디렉씨온 방향

③ c가 음절의 첫소리일 때는 만나는 모음에 따라 'ㅆ', 'ㄲ' 소리로, 음절의 받침일 때는 'ㄱ' 받침으로 발음됩니다.
  예 el te**c**lado 엘 떼끌라도 키보드

(4) **D** 데는 '데'로 'ㄷ' 소리입니다. 단어의 맨 끝에 오면 모음에 붙여 'ㄷ' 받침으로 읽습니다.
  예 Madrid 마드릳 마드리드

(5) **E** 에는 '에'로 'ㅔ' 소리입니다.

⑹ **F** 에페는 'ㅍ'와 'ㅎ'의 중간 소리로, la flor은 '라 플로르'이지만 'ㅎ' 소리도 나게 해야 합니다. 앞 윗니로 아랫입술을 깨물고 이 사이의 틈으로 공기를 불어 내는 듯한 입모양이 됩니다. 한국어로 정확히 표기하기 어려운 발음이니 이 책에선 'ㅍ'로 표기하되, 많이 듣고 따라 하여 정확한 발음으로 말할 수 있길 바랍니다.

⑺ **G** 헤는 '헤'로 'ㅎ' 소리를 가져야 하지만, 만나는 모음에 따라 'ㄱ' 혹은 'ㅎ' 소리를 냅니다.

① 다음과 같이 g가 모음 'a 아, o 오, u 우'를 만나면 'ga 가, go 고, gu 구' 소리를 내고, 모음 'e 에, i 이'를 만나면 'ge 헤, gi 히' 소리를 냅니다.

모음	a 아	e 에	i 이	o 오	u 우
g	ga 가	ge 헤	gi 히	go 고	gu 구

② '게'와 '기' 소리는 각각 'gue'와 'gui'를 사용합니다. 이는 ge와 gi의 발음과 구분하기 위해 중간에 u를 첨가한 것으로 u는 소리를 갖지 않습니다.

📖 la **gue**rra 라 게라 전쟁 / el **gui**sante 엘 기산떼 완두콩

③ 하지만 ü는 güe, güi처럼 그대로 읽어 줍니다.

📖 la ver**güe**nza 라 베르구엔싸 수치

④ 'ㅎ' 소리를 낼 때는 정확히 'ㅎ'라고 발음하면 안 되고, 목구멍 안쪽에서부터 소리를 내야 하며, '헤'와 '케'의 중간 발음으로, 가슴 안쪽에서부터 공기를 밖으로 밀어낸다고 생각하고 발음합니다.

⑻ **H** 아체는 알파벳 이름은 '아체'이지만 실제로는 묵음으로 소리를 가지고 있지 않습니다.

⑼ **I** 이는 '이'로 'ㅣ' 소리입니다.

⑽ **J** 호따는 알파벳 이름 '호따'이며 발음은 영어의 H 발음, 즉 'ㅎ' 소리를 냅니다. 'ja, je, ji, jo, ju'는 '하, 헤, 히, 호, 후' 발음입니다.

⑾ **K** 까는 'ㄲ' 소리로 'ki ㄲ' 발음만 사용하며, 주로 외래어를 표기할 때 쓰입니다. 외래어가 아닌 'ㄲ' 발음은 'qui ㄲ'로 표기합니다.
  예 el **ki**wi 엘 끼위 키위

⑿ **L** 엘레는 'ㄹ' 소리이며, 단어의 중간에 오는 경우 연음법칙에 의해 두 번 발음해 줍니다.
  예 mo**l**esto(a) 몰레스또(따) 성가신

⒀ **M** 에메는 'ㅁ' 소리입니다.

⒁ **N** 에네는 'ㄴ', 'ㅇ', 'ㅁ' 소리입니다.
  ① 기본적으로 'ㄴ' 소리입니다.
  ② 뒤에 자음 c, g, j, q가 오면 'ㅇ' 받침소리가 됩니다. 단, c가 'ㅆ' 발음일 때는 제외합니다. 숫자 15를 뜻하는 qui**nc**e의 경우 n과 c가 만났지만 바로 이어 c가 e를 만나 'ㅆ' 발음이 나기 때문에 '낑쎄'가 아닌 '낀쎄'로 읽습니다.
  예 **n**u**nc**a 눙까 결코 / el i**ng**enio 엘 잉헤니오 독창성 /
    el extra**nj**ero 엘 엑쓰뜨랑헤로 외국인 /
    i**nq**uieto(a) 잉끼에또(따) 불안한

③ 뒤에 자음 b, f, m, p, v가 오면 'ㅁ' 발음이 됩니다.

예 u**n b**arco 움 바르꼬 배 한 척 /
　　e**nf**ermo(a) 엠페르모(마) 아픈 /
　　i**nm**enso(a) 임멘소(사) 매우 큰 /
　　u**n p**uente 움 뿌엔떼 다리 하나 /
　　i**nv**itar 임비따르 초대하다

tip. 스페인어에서 알파벳 n과 b, n과 p가 함께 나오는 단어들은 발음 그대로 mb 혹은 mp로 쓰입니다. 예를 들어 el ca**mb**io, e**mp**leado, 이렇게 말이죠. 즉, 고유명사나 외래어를 제외하고 n과 b, n과 p가 함께 나오는 단어는 없습니다. u**n b**arco나 u**n p**uente의 경우 단어 앞에 개수를 뜻하는 '하나의'라는 관사가 붙어 nb, np 발음이 됩니다. 스페인어는 음절별로 정확히 발음하는 것이 아니라 여러 단어를 이어서 연음으로 발음하기 때문에 u**n b**arco는 '움-바르-꼬'로, u**n p**uente는 '움-뿌엔-떼'로 읽는 것이 맞습니다. ('puen 뿌엔'은 약모음 u와 강모음 e가 만난 이중모음이므로 한 음절 취급합니다.)

⑮ **Ñ** 에녜는 뒤에 오는 모음을 '냐, 녜, 니, 뇨, 뉴'로 만들어 줍니다.

⑯ **O** 오는 '오'로 'ㅗ' 소리입니다.

⑰ **P** 뻬는 '뻬'로 'ㅃ' 소리입니다.

⑱ **Q** 꾸는 'ㄲ' 소리로, 'que 께'와 'qui 끼' 소리만 사용합니다. 표기상으로는 'que 꾸에'와 'qui 꾸이'로 보이지만, u는 발음하지 않습니다.

예 el **que**so 엘 께소 치즈 / **qui**tar 끼따르 제거하다

⑲ **R**에레는 한국어에는 없는 발음으로 표기는 'ㄹ'이지만 'ㄹ-ㄹ' 발음으로 r는 혀를 둥글게 말아 목청 가까운 곳에서 '드르르르르르' 굴리는 소리로 '부릉부릉'할 때 발음하는 'ㄹ' 소리와 비슷합니다. 이 책에는 r가 단어의 제일 처음에 오면 'ㄹ'로, 받침으로 오면 '르'로 단독 표기했습니다. rr 역시 혀를 여러 번 진동하여 발음하지만 책에서는 'ㄹ'로 표기했습니다.

예 **rosa** 로사 장미 / **crisis** 끄리시쓰 위기 /
árbol 아르볼 나무 / **el perro** 엘 뻬로 강아지

⑳ **S**에쎄는 '에쎄'로 'ㅆ'과 'ㅅ' 중간 소리입니다. 이 책에는 s가 단어 중간에 위치하면 된소리 발음이기 때문에 'ㅅ'으로 표기, 단어의 처음과 끝에 위치하면 'ㅆ'으로 표기했습니다.

예 **el salón** 엘 쌀론 거실 / **el vaso** 엘 바소 컵 /
los deberes 로쓰 데베레쓰 숙제(항상 복수형)

㉑ **T**떼는 '떼'로 'ㄸ' 소리입니다.

㉒ **U**우는 '우'로 'ㅜ' 소리입니다.

㉓ **V**우베는 B와 마찬가지로 'ㅂ' 소리입니다.

㉔ **W**우베 도블레는 모음을 만나면 '와, 웨, 위, 워, 우' 소리를 내며 K와 마찬가지로 주로 외래어에 사용됩니다.

㉕ **X** 엑끼스는 'ㅆ', 'ㄱ' 받침 + 'ㅆ' 소리이지만 고유명사를 제외하고 단어의 제일 처음에 쓰이는 경우가 거의 없으며, 대부분 단어 중간에 위치하여 앞 모음에 'ㄱ' 받침을 더한 후 'ㅆ' 소리를 내는 발음이 됩니다.

예 el e**x**amen 엘 엑싸멘 시험 /
la ta**x**ista 라 딱씨스타 택시 기사

tip. 'Mé**x**ico 메히꼬(멕시코)', 'Te**x**as 떼하쓰(텍사스)' 등은 고유 명사이기 때문에 X로 표기하지만 실제로는 J 발음입니다. 이는 과거에 J가 X 소리를 가졌기 때문인데요. 발음 그대로 Méjico, Tejas로 표기해도 틀린 건 아니지만, RAE(Real Academia Española, 왕립 스페인어 아카데미)에서는 X로 표기하는 것을 추천하고 있습니다.

㉖ **Y** 예는 항상 모음과 같이 쓰이며, Y 뒤에 오는 모음을 '야, 예, 이, 요, 유' 발음으로 만들어 줍니다. 중남미에서는 Y 발음을 'ㅈ 지읒'처럼 '쟈, 제, 죠, 쥬'라고도 합니다(아르헨티나에서는 시옷에 가까운 발음). Y의 본 명칭은 'i griega 이 그리예가'이었으나, 공식적으로 'ye 예'로 바뀌었습니다.

㉗ **Z** 쎄따 는 'ㅆ' 소리로 모음을 만나면 '싸, 쎄, 씨, 쏘, 쑤' 발음이 됩니다.

예 el **z**apato 엘 싸빠또 신발 (주로 복수형)

㉘ **CH** 체 는 'ㅊ' 소리로 모음을 만나면 '차, 체, 치, 초, 추' 발음이 됩니다.

⑵⁹ **LL**에예는 '예' 소리로 모음을 만나면 '아, 에, 이, 오, 우'를 각각 '야, 예, 이(지), 요, 유' 발음으로 만들어주나 '이'는 i와 lli 소리를 구분하기 위해 '이'와 '지'의 중간 발음을 내야 합니다. 실제 소리는 '지' 소리와 더 가깝기 때문에 'lli'의 경우 책에서는 '지'로 표현했습니다.

tip. 개정 철자법에 따라 복합 문자 **CH**와 **LL**는 알파벳에 포함시키지 않습니다.

3. 개정 철자법

2010년 RAE(Real Academia Española, 왕립 스페인어 아카데미)에서는 몇 가지 철자법을 개정했습니다.

① **CH** 체와 **LL** 에예 :
오랫동안 개정 논의가 있었던 CH와 LL는 더 이상 알파벳에 속하지 않으며 복합문자로 구분됩니다. 사용에는 변함이 없습니다.

② 알파벳은 한 가지 이름만 :
B 베는 'be 베', 'be alta 베 알따', 'be larga 베 라르가',
V 우베는 'uve 우베', 've baja 베 바하', 've corta 베 꼬르따',
W 우베 도블레는 'uve doble 우베 도블레', 've doble 베 도블레',
'doble ve 도블레 베', **Z** 쎄따는 'ceta 쎄따', 'ceda 쎄다', 'zeta 쎄따',
'zeda 쎄다' 등 여러 명칭이 있었으나 한 가지 명칭만 갖게 됩니다. RAE에서 권장하는 각각의 알파벳 이름은 B는 'be 베', V는 'uve 우베', W는 'uve doble 우베 도블레', Z는 'zeta 쎄따'입니다.

③ **Y** 예 :
'i griega 이 그리에가'로 불리던 Y는 'ye 예'로 변경됩니다.

④ **Tildes**(강세 표시) :
'오직, 유일한' 등의 뜻을 가진 단어 'solo 쏠로'는 강세 표시를 붙이지 않고, 'guion 기온, huir 우이르, truhan 뜨루안' 이 세 단어는 단음절 맞춤법 법칙(monosílabas a efectos ortográficos)에 따라 강세 표시가 없어집니다.

⑤ **ó** :

'또는'의 뜻을 가진 'o 오'는 그동안 숫자 사이에서 강세가 붙었으나 이 강세 역시 사라집니다.

예 4 ó 5 (×) → 4 o 5 꾸아뜨로 오 씽꼬 (○)

⑥ Cuórum와 Catar :

몇몇 단어에서 'q'로 사용되던 알파벳이 'c' 혹은 'k'로 바뀝니다. 이는 q가 이중 모음 que와 qui로만 결합되기 때문입니다.

예 Iraq → Irak 이라크 / Qatar → Catar 카타르 / quásar → cuásar 퀘이사르 / quórum (의결에 필요한 정족수) → cuórum 꾸오룸

⑦ 전(前)을 뜻하는 접두사 **ex** :

기존에는 띄어서 표기하였으나 붙여 써야 합니다. 하지만 'ex director general 엑쓰 디렉또르 헤네랄(전 총괄 담당자)'처럼 두 개 이상의 단어가 결합된 복합어의 경우 여전히 띄어서 표기합니다.

예 ex marido → exmarido 엑쓰마리도 전 남편

- 스페인어 알파벳　　　　　　　　　　6

Capítulo 1　자기소개

Unidad 1　인사
　　　　　처음 만났을 때　　　　　　　34
　　　　　때에 따른 인사　　　　　　　36
　　　　　오랜만에 만났을 때　　　　　37
　　　　　안부를 묻는 인사　　　　　　38
　　　　　안부 인사에 대한 대답　　　　39
　　　　　헤어질 때 인사　　　　　　　40
　　　　　환영할 때　　　　　　　　　42
　　　　　말 걸기　　　　　　　　　　43
　　　　　화제를 바꿀 때　　　　　　　44

Unidad 2　소개
　　　　　상대에 대해 묻기　　　　　　46
　　　　　자기에 대해 말하기　　　　　47
　　　　　신상 정보에 대해 말하기　　　48
　　　　　자기소개 하기　　　　　　　50

Unidad 3　감사
　　　　　감사하다　　　　　　　　　51
　　　　　감사 인사에 응답할 때　　　　53

Unidad 4　사과
　　　　　사과하다　　　　　　　　　54
　　　　　잘못 & 실수했을 때　　　　　55
　　　　　사과 인사에 응답할 때　　　　56

Unidad 5	대답	
	잘 알아듣지 못했을 때	58
	실례 & 양해를 구할 때	59
	긍정적으로 대답할 때	60
	부정적으로 대답할 때	61
	완곡히 거절할 때	62
	기타 대답	64
	맞장구칠 때	65
	맞장구치지 않을 때	66
	반대할 때	67
Unidad 6	주의 & 충고	
	주의를 줄 때	69
	충고할 때	71
Unidad 7	기타	
	존경	74
	칭찬	75
	격려	76
	부탁	77
	재촉	78
	추측	79
	동정	81
	비난	82

Capítulo 2 일상생활

Unidad 1 하루 생활

일어나기	88
씻기	90
식사	91
옷 입기 & 화장하기	92
TV 보기	94
잠자리	95
잠버릇	96
숙면	97
꿈	98

Unidad 2 집

화장실 사용	100
화장실 에티켓	101
욕실에서	102
거실에서	103
부엌에서	104
식탁에서	105
식사 예절	106
설거지	107
위생	109
청소	110
분리수거	111
세탁	112
집 꾸미기	113

Unidad 3 초대 & 방문

초대하기	115

	방문하기	116
Unidad 4	**친구 만나기**	
	약속 잡기	118
	안부 묻기	119
	일상 대화	120
	헤어질 때	121
Unidad 5	**집 구하기**	
	부동산 집 구하기	123
	부동산 조건 보기	124
	부동산 계약하기	125
	이사 계획	127
	짐 싸기	128
	이사 비용	129
Unidad 6	**날씨**	
	날씨 묻기	131
	일기예보	132
	맑은 날	133
	흐린 날	134
	비 오는 날	135
	천둥 & 번개	137
	봄 날씨	138
	여름 날씨	139
	장마 & 태풍	140
	가뭄	141
	홍수	142
	가을 날씨	144
	단풍	145

	겨울 날씨	146
	눈	148
	계절	149
Unidad 7	**전화**	
	전화를 걸 때(일반 상황)	151
	전화를 받을 때(일반 상황)	152
	전화를 바꿔줄 때	153
	다시 전화한다고 할 때	154
	전화를 받을 수 없을 때	155
	통화 상태가 안 좋을 때	156
	전화 메시지	157
	잘못 걸려온 전화	158
	전화를 끊을 때	159
	전화 기타	160
Unidad 8	**명절 & 기념일**	
	설날	162
	주현절	163
	추석	164
	크리스마스	165
	부활절	167
	생일	169
	축하	171

Capítulo 3 여행

Unidad 1	**출발 전**	
	교통편 예약	178
	예약 확인 & 변경	179

	여권	180
	비자	181
Unidad 2	**공항에서**	
	공항 이용	184
	티켓팅	185
	보딩	186
	세관	188
	면세점 이용	189
	출국 심사	190
	입국 심사	192
	짐을 찾을 때	193
	마중	194
	공항 기타	195
Unidad 3	**기내에서**	
	기내 좌석 찾기 & 이륙 준비	197
	기내	198
	기내식	199
Unidad 4	**기차에서**	
	기차표 구입	201
	기차 타기	202
	객차에서	203
	목적지 내리기	204
Unidad 5	**숙박**	
	숙박 시설 예약	206
	체크인	209
	체크아웃	210
	부대 서비스 이용	212
	숙박 시설 컴플레인	213

Unidad 6 관광

    관광 안내소   **216**

    투어   **217**

    입장권을 살 때   **218**

    투우 관람 시   **219**

    축구 관람 시   **220**

    관람   **221**

    길 묻기   **222**

Unidad 7 교통

    기차   **225**

    지하철   **226**

    버스   **227**

    택시   **228**

    선박   **230**

Capítulo 4 장소

Unidad 1 옷 가게

    쇼핑   **236**

    쇼핑몰   **237**

    옷 가게   **238**

    옷 구입 조건   **239**

    옷 구입 결정   **240**

    할인 기간   **241**

    할인 품목 & 할인율   **243**

    할인 구입 조건   **244**

    할부 구매   **246**

    계산하기   **247**

	배송	249
	환불 & 교환	250
Unidad 2	**병원 & 약국**	
	병원-예약 & 수속	252
	진찰실	253
	외과	254
	내과-감기	255
	내과-열	256
	내과-소화기	257
	치과-치통	260
	치과-충치	261
	진료 기타	262
	입원 & 퇴원	263
	수술	265
	병원비 & 보험	266
	문병	267
	처방전	268
	약국	269
Unidad 3	**은행 & 우체국**	
	은행-계좌	271
	입출금	272
	송금	273
	ATM 사용	275
	신용카드	276
	환전	277
	환율	278
	은행 기타	280

	편지 발송	281
	소포 발송	282
	우체국 기타	283
Unidad 4	**미용실**	
	미용실 상담	285
	커트	286
	파마	288
	염색	289
	네일	291
	미용실 기타	292
Unidad 5	**세탁소**	
	세탁물 맡기기	294
	세탁물 찾기	295
	세탁물 확인	296
	얼룩 제거	297
	수선	298
Unidad 6	**렌터카 & 주유소**	
	렌터카–대여 & 차종	300
	렌터카–요금 & 반납	301
	주유소	302
	세차 & 정비	305
Unidad 7	**서점**	
	서점 & 헌책방	306
	책 찾기	307
	도서 구입	311
	인터넷 서점	313

Unidad 8	도서관 & 미술관 & 박물관	
	도서관	315
	도서 대출	317
	도서 반납	319
	도서 연체 & 대출 연장	320
	미술관 & 박물관	321

Unidad 9	놀이동산 & 헬스클럽	
	놀이동산	323
	헬스클럽 등록	324
	헬스클럽 이용	325

Unidad 10	영화관 & 공연장	
	영화관	327
	영화표	328
	영화관에서의 에티켓	330
	콘서트장	331
	기타 공연	332

Unidad 11	술집 & 클럽	
	술집	334
	술 약속 잡기	335
	술 권하기	336
	술 고르기	337
	클럽	339

Unidad 12	파티	
	파티 전	340
	파티 초대	341
	파티 후	342
	다양한 파티	343

Capítulo 5 식재료

Unidad 1 음식점

음식점 추천	350
식당 예약	351
예약 없이 갔을 때	352
메뉴 보기	353
주문하기-음료	355
주문하기-메인 요리	356
주문하기-선택 사항	357
주문하기-디저트	358
주문하기-요청 사항	359
웨이터와 대화	360
서비스 불만	361
음식 맛 평가	363
계산	364
카페	365
패스트푸드	366
배달	367

Unidad 2 시장 가기

식재료 구매하기	369
요리 방법 물어보기	370

Unidad 3 대형 마트 & 슈퍼마켓

물건 찾기	371
구매하기	372
지불하기	373

Unidad 4	요리하기	
	요리하기	374
	냉장고	376

Capítulo 6 응급 상황

Unidad 1	응급 상황	
	응급 상황	382
	구급차	383
Unidad 2	길을 잃음	
	길을 잃음	385
	미아	385
Unidad 3	사건 & 사고	
	분실 사고	387
	분실 신고 & 분실물 센터	388
	도난	389
	소매치기	390
	사기	392
	경찰 신고	393
	교통사고	395
	안전사고	397
	화재	398
	자연재해	400

Capítulo 1
자기소개

처음 만나면 하는 인사는 '올라!'
헤어질 땐 '아디오스.'
아는 인사말이 이것뿐인가요?
틀에 박힌 스페인어 인사가 지겹다면, 여기를 보세요!
기본 중에서도 기본적인 표현, 인사를 포함해
첫 만남, 소개 및 여러 응대 표현이 있습니다.

Unidad 1   인사
Unidad 2   소개
Unidad 3   감사
Unidad 4   사과
Unidad 5   대답
Unidad 6   주의 & 충고
Unidad 7   기타

Words

□ **saludar** 쌀루다르
v. 인사하다

□ **presentarse** 쁘레센따르세
v. (자기 자신을) 소개하다

□ **hombre** 옴브레
m. 남자, 남성

□ **mujer** 무헤르
f. 여자, 여성

□ **nombre** 놈브레
m. 이름, 성명

□ **nacionalidad** 나씨오날리닫
f. 국적

□ **país** 빠이쓰
m. 나라, 국가

□ **idioma** 이디오마
m. 언어

□ número de teléfono
누메로 데 뗄레포노 전화번호

□ profesión 쁘로페시온
   f. 직업

□ amigo(a) 아미고(가)
   adj. 친한
   m.f. 친구

□ Gracias. 그라씨아쓰
   expre. 감사합니다. 고맙습니다.

□ amable 아마블레
= simpático(a) 씸빠띠꼬(까)
= majo(a) 마호(하) (구어)
   adj. 친절한

□ Lo siento. 로 씨엔또
   expre. 죄송합니다, 미안합니다.

□ perdonar 뻬르도나르
= disculpar 디스꿀빠르
= excusar 엑쓰꾸사르
   v. 변명하다, 용서하다

□ ayudar 아유다르
   v. 돕다

Unidad 1 인사

MP3. C01_U01

처음 만났을 때

#안녕하세요.
만나서 반갑습니다.

Hola, encantado(a).
올라, 엥깐따도(다)

Hola, mucho gusto.
올라, 무초 구스또

#제 이름은
김수진입니다.

Me llamo Sujin Kim.
메 야모 수진 김

Mi nombre es Sujin Kim.
미 놈브레 에쓰 수진 김

#이름이
무엇입니까?

¿Cómo te llamas?
꼬모 떼 야마쓰?

¿Cuál es tu nombre?
꾸알 에쓰 뚜 놈브레?

#이야기 많이
들었습니다.

Había oído mucho de ti.
아비아 오이도 무초 데 띠

He oído hablar mucho de ti.
에 오이도 아블라르 무초 데 띠

#만나뵙게 되어
정말 영광입니다.

Me alegro de conocerle.
메 알레그로 데 꼬노쎄를레

우리 서로 예전에 알았던 것 같아요. 그렇죠?

Nos conocíamos ya, ¿no?
노쓰 꼬노씨아모쓰 야, 노?

Nos habíamos conocido antes, ¿verdad?
노쓰 아비아모쓰 꼬노씨도 안떼쓰, 베르닫?

명함 한 장 주시겠어요?

¿Me da su tarjeta (de visita)?
메 다 쑤 따르헤따 (데 비시따)?

¿Podría darme su tarjeta (de visita)?
뽀드리아 다르메 쑤 따르헤따 (데 비시따)?

제 명함입니다.

Aquí tiene mi tarjeta (de visita).
아끼 띠에네 미 따르헤따 (데 비시따)

때에 따른 인사

#안녕하세요.

Buenos días. (아침에 만났을 때)
부에노쓰 디아쓰

Buenas tardes. (점심에 만났을 때)
부에나쓰 따르데쓰

Buenas noches. (저녁에 만났을 때)
부에나쓰 노체쓰

#안녕하세요.

Hola, buenas. (때에 상관없이 만났을 때)
올라, 부에나쓰

#잘 자요.
(밤 시간에 자러 갈 때)

Dulces sueños.
(어린 아이들에게만 가능, 항상 복수로 사용)
둘쎄쓰 쑤에뇨쓰

¡Que tenga una buena noche!
께 뗑가 우나 부에나 노체!

오랜만에 만났을 때

\# 오랜만이네!

¡Cuánto tiempo sin verte!
꾸안또 띠엠뽀 씬 베르떼!
¡Dichosos los ojos!
디초소쓰 로쓰 오호쓰!

\# 아니, 이게 누구야!

¡Hombre, quién está aquí!
옴브레, 끼엔 에스따 아끼!
¡Mira quién está aquí!
미라 끼엔 에스따 아끼!

\# 그간 연락 못해서 미안해.

Siento no haber hablado contigo en tanto tiempo.
씨엔또 노 아베르 아블라도 꼰띠고 엔 딴또 띠엠뽀

\# 그간 뭐하고 지냈어?

¿Qué estás haciendo últimamente?
께 에스따쓰 아씨엔도 울띠마멘떼?
¿Y qué es de tu vida?
이 께 에쓰 데 뚜 비다?

\# 나는 잘 지냈어.

Estoy bien.
에스또이 비엔
Como siempre.
꼬모 씨엠쁘레

시간이 참 빠르군요!
¡Cómo pasa el tiempo!
꼬모 빠사 엘 띠엠뽀!

하나도 안 변했네.
Te veo igual.
떼 베오 이구알
No has cambiado nada.
노 아쓰 깜비아도 나다

세월이 당신만 비껴간 것 같아요.
Parece que no pasa el tiempo para usted.
빠레쎄 께 노 빠사 엘 띠엠뽀 빠라 우스뗃

세상 참 좁은데!
¡Qué pequeño es el mundo!
께 뻬께뇨 에쓰 엘 문도!

안부를 묻는 인사

잘 지내니?
¿Qué tal?
께 딸?
¿Cómo estás?
꼬모 에스따쓰?

어떻게 지내세요?
¿Cómo está usted?
꼬모 에스따 우스뗃?

주말 어떻게 보냈어?
¿Qué has hecho el fin de semana?
께 아쓰 에초 엘 핀 데 쎄마나?

가족은 어때?
¿Cómo está tu familia?
꼬모 에스따 뚜 파밀리아?

무슨 일이야?
¿Qué te pasa?
께 떼 빠사?
¿Te pasa algo?
떼 빠사 알고?

안부 인사에 대한 대답

난 잘 지내.
Estoy bien.
에스또이 비엔
Todo bien.
또도 비엔

그럭저럭 지내.
Ni fu ni fa.
니 푸 니 파
No estoy mal.
노 에스또이 말
Como siempre.
꼬모 씨엠쁘레

\# 별일 없어요.

Nada especial.
나다 에스뻬씨알

\# 오늘은 기분이 별로네요.

No tengo mi mejor día.
노 뗑고 미 메호르 디아

No estoy de buen humor.
노 에스또이 데 부엔 우모르

헤어질 때 인사

\# 잘 가요.

Adiós.
아디오쓰

Chao.
차오

\# 좋은 하루 보내요!

¡Que tengas un buen día!
(낮 시간에 헤어질 때)
께 뗑가쓰 운 부엔 디아!

¡Que tengas una buena noche!
(저녁 시간에 헤어질 때)
께 뗑가쓰 우나 부에나 노체!

\# 즐거운 주말 보내세요!

¡Que tengas buen finde semana!
께 뗑가쓰 부엔 핀데 쎄마나!

¡Buen finde!
부엔 핀데!

내일 봐.

Hasta mañana.
아스따 마냐나

Te veo mañana.
떼 베오 마냐나

이따 봐.

Hasta pronto.
아스따 쁘론또

Luego te veo.
루에고 떼 베오

재미있게 보내!

¡Que lo pases bien! (상대가 단수일 경우)
께 로 빠세쓰 비엔!

¡Que lo paséis bien! (상대가 복수일 경우)
께 로 빠세이쓰 비엔!

전 지금 가야 돼요.

Me tengo que ir.
메 뗑고 께 이르

Lo siento, pero tengo que irme ya.
로 씨엔또, 뻬로 뗑고 께 이르메 야

가족에게 안부 전해 줘요.

Dale un beso a tu familia.
달레 운 베소 아 뚜 파밀리아

Dale recuerdos de mi parte.
달레 레꾸에르도쓰 데 미 빠르떼

조만간 다시 만납시다.

Nos vemos pronto.
노쓰 베모쓰 쁘론또

Espero que nos veamos pronto.
에스뻬로 께 노쓰 베아모쓰 쁘론또

Capítulo 1.

환영할 때

#마드리드에 오신 걸 환영합니다.
Bienvenido a Madrid.
비엔베니도 아 마드릴

#저희 집에 오신 것을 환영합니다.
Bienvenidos a mi casa.
비엔베니도쓰 아 미 까사

#모두 환영합니다.
Sed todos bienvenidos.
쎋 또도쓰 비엔베니도쓰

#(이곳이) 맘에 들길 바란다.
Espero que te guste.
에스뻬로 께 떼 구스떼

#(이곳이) 맘에 드시길 바랍니다.
Espero que le haya gustado.
에스뻬로 께 레 아야 구스따도

#함께 일하게 되어 반가워요.
Estoy encantado de que podamos trabajar juntos.
에스또이 엥깐따도 데 께 뽀다모쓰 뜨라바하르 훈또쓰

말 걸기

실례합니다.

Disculpe.
디스꿀뻬

Perdón.
뻬르돈

여보세요!
(특정한 사람을 부를 때)

¡Caballero! (상대방이 성인 남성일 때)
까바예로!

¡Señor! (상대방이 성인 남성일 때)
쎄뇨르!

¡Señora! (상대방이 결혼한 여성일 때)
쎄뇨라!

¡Señorita! (상대방이 미혼 여성일 때)
쎄뇨리따!

저...

Pues...
뿌에쓰...

잠깐 이야기 좀 할 수 있을까요?

¿Tienes un minuto?
띠에네쓰 운 미누또?

¿Puedo hablar contigo un minuto?
뿌에도 아블라르 꼰띠고 운 미누또?

말씀 중 죄송합니다.

Disculpe que le interrumpa.
디스꿀뻬 께 레 인떼룸빠

Perdón por la interrupción.
뻬르돈 뽀르 라 인떼르룹씨온

내 말 좀 들어 봐요.

Déjame hablar.
데하메 아블라르

Escúchame.
에스꾸차메

화제를 바꿀 때

다른 얘기를 하죠.

Podemos hablar de otra cosa.
뽀데모쓰 아블라르 데 오뜨라 꼬사

Cambiemos de tema.
깜비에모쓰 데 떼마

서로 의견을 말해봅시다.

Vamos a intercambiar ideas entre todos.
바모쓰 아 인떼르깜비아르 이데아쓰 엔뜨레 또도쓰

더 무엇이 있을까요?

¿Algo más?
알고 마쓰?

그건 그렇고, Daniela에 관해 들은 소식이 있나요?

Por cierto, ¿has oído algo sobre Daniela?
뽀르 씨에르또, 아쓰 오이도 알고 쏘브레 다니엘라?

¿Sabes algo de Daniela?
싸베쓰 알고 데 다니엘라?

Unidad 2 소개

상대방에 대해 묻기

이름이 뭡니까?
¿Cómo te llamas?
꼬모 떼 야마쓰?
¿Cuál es tu nombre?
꾸알 에쓰 뚜 놈브레?

이름 철자가 어떻게 되나요?
¿Podrías deletrear tu nombre?
뽀드리아쓰 델레뜨레아르 뚜 놈브레?

직업이 뭐예요?
¿A qué te dedicas? (매우 가까운 사이)
아 께 떼 데디까쓰?
¿En qué trabajas?
엔 께 뜨라바하쓰?

어떤 일을 하시나요?
¿Cuál es tu profesión?
꾸알 에쓰 뚜 쁘로페씨온?

누구와 일하세요?
¿Con quién trabajas?
꼰 끼엔 뜨라바하쓰?

국적이 어디예요?
¿De dónde eres?
데 돈데 에레쓰?
¿Cuál es tu nacionalidad?
꾸알 에쓰 뚜 나씨오날리닫?

#몇 개 국어 하시나요?

¿Cuántos idiomas hablas?
꾸안또쓰 이디오마쓰 아블라쓰?

#전공이 뭐예요?

¿Qué estudias?
(지금 무얼 배우고 있니? 현재 상대가 학생일 경우)
께 에스뚜디아쓰?

¿Qué estudiaste?
(과거에 무얼 배웠니? 현재는 배우는 상태가 아님)
께 에스뚜디아스떼?

자기에 대해 말하기

#제 이름은 Paco Rodríguez입니다.

Me llamo Paco Rodríguez.
메 야모 빠꼬 로드리게쓰

Mi nombre es Paco Rodríguez.
미 놈브레 에쓰 빠꼬 로드리게쓰

#제 성은 '김'이고, 이름은 '유나'예요.

Mi apellido es "Kim" y mi nombre es "Yu-na".
미 아뻬지도 에쓰 '김' 이 미 놈브레 에쓰 '유나'

저는 EOI에서 선생님으로 일하고 있어요.

Trabajo en la EOI como profesora.
뜨라바호 엔 라 에스꾸엘라쓰 오피씨알레쓰 데 이디오마쓰 꼬모 쁘로페소라

Soy profesora de la EOI.
쏘이 쁘로페소라 데 라 에스꾸엘라쓰 오피씨알레쓰 데 이디오마쓰

저는 Complutense 대학교 학생입니다.

Soy estudiante de la universidad Complutense.
쏘이 에스뚜디안떼 데 라 우니베르시닫 꼼쁠루뗀세

저는 스페인 문학을 전공하고 있어요.

Soy estudiante de literatura española.
쏘이 에스뚜디안떼 데 리떼라뚜라 에스빠뇰라

Estudio literatura española.
에스뚜디오 리떼라뚜라 에스빠뇰라

신상 정보에 대해 말하기

저는 한국인이에요.

Soy coreano(a).
쏘이 꼬레아노(나)

Soy de Corea del sur.
쏘이 데 꼬레아 델 쑤르

저는 미혼입니다.
Estoy soltero(a).
에스또이 쏠떼로(라)

저는 혼자 살고 있어요.
Vivo solo(a).
비보 쏠로(라)

그는 결혼했어요.
Está casado.
에스따 까사도

몇 살입니까?
¿Cuántos años tienes?
꾸안또쓰 아뇨쓰 띠에네쓰?

저는 32살입니다.
Tengo 32 años.
뗑고 뜨레인따 이 도쓰 아뇨쓰

그 사람은 나이가 몇인가요?
¿Cuántos años tiene él?
꾸안또쓰 아뇨쓰 띠에네 엘?

그는 25살이에요.
Tiene 25 años.
띠에네 베인띠씽꼬 아뇨쓰

자기소개 하기

#제 소개를 하겠습니다.
Déjeme presentarme.
데헤메 쁘레센따르메

#제 소개를 해도 될까요?
¿Puedo presentarme yo mismo(a)?
뿌에도 쁘레센따르메 요 미스모(마)?

#Miguel 씨, Juan 씨를 아시나요?
Miguel, ¿conoces a Juan?
미겔, 꼬노쎄쓰 아 후안?

#Miguel 씨, Juan을 소개해 드릴게요.
Miguel, este es Juan.
미겔, 에스떼 에쓰 후안

#그는 제 친구예요.
Es mi amigo.
에쓰 미 아미고

#모두들 그를 'Juanito'라고 불러요.
Todo el mundo le llama "Juanito".
또도 엘 문도 레 야마 '후아니또'

Unidad 3 감사

감사하다

\# 감사합니다.
Gracias.
그라씨아쓰

\# 정말 감사합니다.
Muchas gracias.
무차쓰 그라씨아쓰

Muchísimas gracias.
무치시마쓰 그라씨아쓰

\# 여러모로 감사합니다.
Gracias por todo.
그라씨아쓰 뽀르 또도

\# 그렇게 말씀해 주시니 감사합니다.
Gracias por decir eso.
그라씨아쓰 뽀르 데씨르 에소

\# 당신의 은혜 잊지 않겠습니다.
Nunca olvidaré lo que has hecho por mí.
눙까 올비다레 로 께 아쓰 에초 뽀르 미

\# 와 주셔서 감사드립니다.
Gracias por venir.
그라씨아쓰 뽀르 베니르

도와주셔서 대단히 감사합니다.

Muchas gracias por su ayuda.
무차쓰 그라씨아쓰 뽀르 쑤 아유다

Gracias por ayudarme.
그라씨아쓰 뽀르 아유다르메

신경 써 줘서 고마워요.

Gracias por pensar en mí.
그라씨아쓰 뽀르 뻰사르 엔 미

초대해 주셔서 감사합니다.

Gracias por invitarme.
그라씨아쓰 뽀르 임비따르메

제게 기회를 주셔서 감사합니다.

Gracias por darme la oportunidad.
그라씨아쓰 뽀르 다르메 라 오뽀르뚜니닫

시간 내 주셔서 감사합니다.

Gracias por tu tiempo.
그라씨아쓰 뽀르 뚜 띠엠뽀

기다려 줘서 고마워요.

Gracias por esperar.
그라씨아쓰 뽀르 에스뻬라르

감사 인사에 응답할 때

\# 천만에요.
De nada.
데 나다

\# 오히려 내가 고맙지.
Gracias a ti.
그라씨아쓰 아 띠

\# 대단한 일도 아닌데요.
No era difícil.
노 에라 디피씰

\# 언제든지 부탁하세요.
Estoy a su disposición para cualquier cosa.
에스또이 아 쑤 디스뽀시씨온 빠라 꾸알끼에르 꼬사

\# 언제든지 부탁해.
Cualquier cosa, me dices.
꾸알끼에르 꼬사, 메 디쎄쓰

\# 도움이 될 수 있어 기뻐요.
Estoy contento(a) de poder ayudarle.
에스또이 꼰뗀또(따) 데 뽀데르 아유다를레

Unidad 4 사과　　　　　　　　MP3. C01_U04

사과하다

#미안합니다.
　Lo siento.
　로 씨엔또
　Perdón.
　뻬르돈
　Perdóname.
　뻬르도나메

#사과 드립니다.
　Le pido disculpas.
　레 삐도 디스꿀빠쓰

#유감입니다.
　Lo sentimos.
　로 쎈띠모쓰

#번거롭게 해 드려서 죄송합니다.
　Lamento las molestias.
　라멘또 라쓰 몰레스띠아쓰

#늦어서 죄송합니다.
　Discúlpeme por el retraso.
　디스꿀뻬메 뽀르 엘 레뜨라소

잘못 & 실수했을 때

\# 제 잘못이었어요.

Fue mi culpa.
푸에 미 꿀빠

\# 제가 망쳐서 죄송합니다.

Lo siento, lo estropeé.
로 씨엔또, 로 에스뜨로뻬에

\# 고의가 아니었습니다.

No era mi intención en absoluto.
노 에라 미 인뗀씨온 엔 압솔루또

No lo hice a propósito.
노 로 이쎄 아 쁘로뽀시또

Mi intención era buena.
미 인뗀씨온 에라 부에나

\# 미안하다는 말을 하고 싶어요.

Quiero disculparme.
끼에로 디스꿀빠르메

\# 제가 실수했어요.

He cometido un error.
에 꼬메띠도 운 에로르

Capítulo 1.

55

죄송해요. 어쩔 수 없었습니다.

Lo siento, no pude evitarlo.
로 씨엔또, 노 뿌데 에비따를로

미안해요, 깜빡 잊었어요.

Lo siento, se me olvidó.
로 씨엔또, 쎄 메 올비도

문제가 되리라고는 생각하지 못했어요.

No pensaba que fuera un problema.
노 뻰사바 께 푸에라 운 쁘로블레마

다시 한 번 기회를 주세요.

Dame otra oportunidad para que lo arregle.
다메 오뜨라 오뽀르뚜니닫 빠라 께 로 아레글레

다시는 이런 일이 없을 겁니다.

No volverá a pasar (otra vez).
노 볼베라 아 빠사르 (오뜨라 베쓰)

사과 인사에 응답할 때

괜찮습니다.

No pasa nada.
노 빠사 나다

Está bien.
에스따 비엔

걱정 마, 우린 친구잖아.

No te preocupes, somos amigos.
노 떼 쁘레오꾸뻬쓰, 쏘모쓰 아미고쓰

서로 용서하고 잊어버리자.

Olvidémoslo.
올비데모슬로

Vamos a perdonar y olvidarlo.
바모쓰 아 뻬르도나르 이 올비다를로

저야말로 사과를 드려야죠.

Soy yo quien debe disculparse.
쏘이 요 끼엔 데베 디스꿀빠르세

걱정 마.

No te preocupes.
노 떼 쁘레오꾸뻬쓰

걱정하지 마세요.

No se preocupe.
노 쎄 쁘레오꾸뻬

사과를 받아들일게.

Acepto tus disculpas.
악쎕또 뚜쓰 디스꿀빠쓰

Capítulo 1.

57

Unidad 5 대답

잘 알아듣지 못했을 때

#잘 안 들려.

No te oigo nada.
노 떼 오이고 나다

#죄송한데,
잘 안 들립니다.

Lo siento, pero no le oigo.
로 씨엔또, 뻬로 노 레 오이고

#말이 너무 빨라요.

Está hablando demasiado rápido para mí.
에스따 아블란도 데마시아도 라삐도 빠라 미

#죄송합니다,
그것을 이해하지
못했어요.

Lo siento, pero no lo entiendo.
로 씨엔또, 뻬로 노 로 엔띠엔도

#무슨 뜻이죠?

¿Qué significa esto?
께 씨그니피까 에스또?

#뭐라고?

¿Qué?
께?

철자가
어떻게 되죠?

¿Cómo se escribe?
꼬모 쎄 에스끄리베?

¿Cómo se deletrea esto?
꼬모 쎄 델레뜨레아 에스또?

다시 말해
주시겠어요?

¿Puede repetirlo?
뿌에데 레뻬띠를로?

실례 & 양해를 구할 때

실례지만,
지나가도 될까요?

Perdone, ¿puedo pasar?
뻬르도네, 뿌에도 빠사르?

잠시
실례하겠습니다,
곧 돌아오겠습니다.

Discúlpeme un momento;
vuelvo en seguida.
디스꿀뻬메 운 모멘또, 부엘보 엔 쎄기다

죄송하지만,
이만 가
봐야겠어요.

Disculpa. Me tengo que ir.
디스꿀빠. 메 뗑고 께 이르

화장실 좀 다녀올 동안 제 가방 좀 봐 줄래요?

¿Puede echar un vistazo a mi bolsa mientras estoy en el baño?
뿌에데 에차르 운 비스따쏘 아 미 볼사 미엔뜨라쓰 에스또이 엔 엘 바뇨?

긍정적으로 대답할 때

물론이죠!

¡Por supuesto!
뽀르 쑤뿌에스또!

¡Desde luego!
데스데 루에고!

¡Claro!
끌라로!

¡Cómo no!
꼬모 노!

알겠습니다.

Sí.
씨

Vale.
발레

Ok.
오께이

좋아요.
Bien.
비엔
Estoy de acuerdo.
에스또이 데 아꾸에르도

맞아요.
Exactamente.
엑싹따멘떼
Tienes razón.
띠에네쓰 라쏜

부정적으로 대답할 때

전혀 모르겠어요.
Yo solo no hubiera caído en ello.
요 쏠로 노 우비에라 까이도 엔 에요

나에게 말해 주지 않는다면, 내가 결코 알 수 없을 거야.
Si no me lo dices, jamás me habría dado cuenta.
씨 노 메 로 디쎄쓰, 하마쓰 메 아브리아 다도 꾸엔따

해결할 수 없어요.
Nunca podré solucionarlo solo.
눙까 뽀드레 쏠루씨오나를로 쏠로

야! 그건 바보 같은 거야.
¡Bah!, es una tontería.
바!, 에쓰 우나 똔떼리아

Capítulo 1.

아직이요.

Aún no.
아운 노

Todavía no.
또다비아 노

물론 아니죠!

¡Por supuesto que no!
뽀르 쑤 뿌에스또 께 노!

¡De ninguna manera!
데 닝구나 마네라!

완곡히 거절할 때

유감이지만, 안 되겠어요.

Me temo que no.
메 떼모 께 노

그렇게 생각하지 않아요.

No lo creo.
노 로 끄레오

No pienso así.
노 삐엔소 아시

아니요, 제가 할 수 없을 것 같군요.

No, no creo que pueda hacerlo.
노, 노 끄레오 께 뿌에다 아쎄를로

미안해요, 지금은 무리예요.

Lo siento, no puedo en este momento.
로 씨엔또, 노 뿌에도 엔 에스떼 모멘또

Me temo que no puedo hacerlo de inmediato.
메 떼모 께 노 뿌에도 아쎄를로 데 임메디아또

안 하고 싶습니다.

Prefiero no hacerlo.
쁘레피에로 노 아쎄를로

할 기분이 아닙니다.

No estoy de humor.
노 에스또이 데 우모르

하기 싫어.

No quiero hacerlo.
노 끼레오 아쎄를로

기타 대답

#아마도.

Puede ser.
뿌에데 쎄르
Tal vez.
딸 베쓰
Probablemente.
쁘로바블레멘떼

#아마 그럴 거야.

Algo así.
알고 아시

#경우에 따라 다르지.

Depende.
데뻰데

#믿기 어려운데.

Es difícil de creer.
에쓰 디피실 데 끄레에르

#이해하겠어?

¿Sabes lo que quiero decir?
싸베쓰 로 께 끼에로 데씨르?
¿Entiendes lo que he dicho?
엔띠엔데쓰 로 께 에 디초?

\# 생각 좀 해 볼게요.
Lo pensaré.
로 뻰사레

\# 하고 싶지 않아.
No me da la gana.
노 메 다 라 가나

맞장구칠 때

\# 맞아요.
Claro.
끌라로
Por supuesto.
뽀르 수뿌에스또

\# 저도요.
Yo también.
요 땀비엔

\# 그게 바로 제가 말하려던 거예요.
Eso es lo que quiero decir.
에소 에쓰 로 께 끼에로 데씨르

\# 좋은 생각이에요.
Es una buena idea.
에쓰 우나 부에나 이데아

네, 그렇고말고요.
Sí, en efecto.
씨, 엔 에펙또

그럴 거라고 생각해요.
Supongo que sí.
수뽕고 께 씨

동의합니다.
Estoy de acuerdo.
에스또이 데 아꾸에르도
Yo también.
요 땀비엔
No voy a discutir por eso.
노 보이 아 디스꾸띠르 뽀르 에소
Estoy contigo.
에스또이 꼰띠고

맞장구치지 않을 때

그래요?
¿Sí?
씨?

그럴 리가요.
(저는 그렇게 생각하지 않아요.)
No lo creo.
노 로 끄레오

그럴지도 모르죠.
Puede ser.
뿌에데 쎄르

잘 모르겠어요.
No estoy seguro(a).
노 에스또이 쎄구로(라)

꼭 그렇지는 않아요.
No es siempre así.
노 에쓰 씨엠쁘레 아시

그게 항상 옳다고 할 수는 없죠.
No siempre podemos decir que es correcto.
노 씨엠쁘레 뽀데모쓰 데씨르 께 에쓰 꼬렉또

반대할 때

반대합니다!
¡Me opongo!
메 오뽕고!

말도 안 되는 소리 하지 마.
Ni de coña. (아주 가까운 사이에서만 사용)
니 데 꼬냐
Ni de broma.
니 데 브로마

67

#당신에게
동의하지 않아요.

No estoy de acuerdo con usted.
노 에스또이 데 아꾸에르도 꼰 우스뗻

#그 계획에
반대합니다.

No puedo estar de acuerdo con el plan.
노 뿌에도 에스따르 데 아꾸에르도 꼰 엘 쁠란

Estoy en contra de la idea.
에스또이 엔 꼰뜨라 데 라 이데아

#너도?
나도 아니야.

¿Y tú? Yo tampoco.
이 뚜? 요 땀뽀꼬

Unidad 6 주의 & 충고   MP3. C01_U06

주의를 줄 때

조심해!

¡Cuidado!
꾸이다도!

차 조심해.

Ten cuidado con los coches.
뗀 꾸이다도 꼰 로쓰 꼬체쓰

바보 같은 소리 좀 하지 마.

No digas tonterías.
노 디가쓰 똔떼리아쓰

바보 같은 짓 좀 하지 마.

No hagas tonterías.
노 아가쓰 똔떼리아쓰

마음대로 좀 하지 마.

No seas egoísta.
노 쎄아쓰 에고이스따

아무한테도 말하지 마.

No se lo digas a nadie.
노 쎄 로 디가쓰 아 나디에

말 조심해.

Cuidado con lo que dices.
꾸이다도 꼰 로 께 디쎄쓰

거짓말 하지 마!

¡No me mientas!
노 메 미엔따쓰!

조용히 해.

Silencio.
씰렌씨오

내 성질 건드리지 마.

No hagas que me enfade.
노 아가쓰 께 메 엠파데

날 귀찮게 하지 마라.

No me molestes.
노 메 몰레스떼쓰

Deja de molestarme.
데하 데 몰레스따르메

들어오기 전에 노크해라.

Llama antes de entrar.
야마 안떼쓰 데 엔뜨라르

입에 가득 넣고 말하지 마라.

No hables con la boca llena.
노 아블레쓰 꼰 라 보까 예나

나한테
짜증내지 말아라.

No te enfades conmigo.
노 떼 엠파데쓰 꼰미고

그를 귀찮게
하지 말아라.

No le molestes.
노 레 몰레스떼쓰

충고할 때

날 실망시키지 마.

No me decepciones.
노 메 데쎕씨오네쓰

명심해라.

Tenlo en cuenta.
뗀로 엔 꾸엔따

명심하시길
바랍니다.

Recuérdalo en todo momento.
레꾸에르달로 엔 또도 모멘또

최선을 다해라.

Hazlo lo mejor que puedas.
아쓰로 로 메호르 께 뿌에다쓰

Capítulo 1.

71

심각하게 받아들이지 마라.
No te lo tomes demasiado en serio.
노 떼 로 또메쓰 데마시아도 엔 쎄리오

가만히 있으면 중간은 간다.
(당신은 침묵을 유지해야 합니다.)
Deberías haber guardado silencio.
데베리아쓰 아베르 구아르다도 씰렌씨오

입 좀 다물고 있어라.
Haberte callado la boca.
아베르떼 까야도 라 보까

하고 싶은 말이 있으면 다 해.
Di lo que quieres decir.
디 로 께 끼에레쓰 데씨르

문제에 맞서 봐.
Debes enfrentarte al problema.
데베쓰 엠프렌따르떼 알 쁘로블레마

내숭 떨지 마.
No te hagas el inocente.
노 떼 아가쓰 엘 이노쎈떼

계속 열심히 해라.
Seguir así.
세기르 아시
Sigue así.
씨게 아시

너무 기대하지 마.
No te hagas ilusiones.
노 떼 아가쓰 일루시오네쓰

얌전히 좀 있어라.
Pórtate bien.
뽀르따떼 비엔

은혜를 원수로 갚지 마라.
(너에게 음식을 주는 손을 물지 말아라.)
No muerdas la mano que te da de comer.
노 무에르다쓰 라 마노 께 떼 다 데 꼬메르

해 보기도 전에 거절부터 하지 말아라.
No digas que no te gusta hasta que no lo pruebes.
노 디가쓰 께 노 떼 구스따 아스따 께 노 로 쁘루에베쓰

우리 사이에 어느 정도까지는 경계가 있어야 한다.
Tenemos que poner algunos límites.
떼네모쓰 께 뽀네르 알구노쓰 리미떼쓰

Unidad 7 기타   MP3. C01_U07

존경

#(너) 정말 대단하다.
Eres una gran persona.
에레쓰 우나 그란 뻬르쏘나

#너는 성공할 만해.
Te mereces todos tus éxitos.
떼 메레쎄쓰 또도쓰 뚜쓰 엑씨또쓰

#당신 같은 대단한 사람을 알게 되어 영광입니다.
Es un placer tener la oportunidad de conocerle.
에쓰 운 쁠라쎄르 떼네르 라 오뽀르뚜니닫 데 꼬노쎄를레

#그 사람은 내가 존경하는 사람이다.
Es mi modelo a seguir.
에쓰 미 모델로 아 쎄길

Él es el espejo en que me reflejo.
엘 에쓰 엘 에스뻬호 엔 께 메 레플레호

#그 사람은 모두에게 존경받는다.
Todos le admiramos.
또도쓰 레 아드미라모쓰

Esa persona es admirada por todos.
에사 뻬르쏘나 에쓰 아드미라다 뽀르 또도쓰

칭찬

\# 잘했어!

¡Buen trabajo!
부엔 뜨라바호!

¡Bien hecho!
비엔 에초!

\# 정말 훌륭해!

¡Excelente!
엑쓰쎌렌떼!

¡Perfecto!
뻬르펙또!

¡Fantástico!
판따스띠꼬!

\# 멋진데!

¡Qué guay!
께 구아이!

¡Qué chulo!
께 출로!

\# (옷, 소품 등이) 너한테 정말 잘 어울려.

Te queda muy bien.
떼 께다 무이 비엔

\# 정말 예쁜데! 어디서 샀어?

¡Qué guapa! ¿Dónde lo compraste?
께 구아빠! 돈데 로 꼼쁘라스떼?

75

격려

힘내!

¡Ánimo!
아니모!
¡Anímate!
아니마떼!

다음 번엔 나아질 거야.

La siguiente vez, será mejor.
라 씨기엔떼 베쓰, 쎄라 메호르

잘할 수 있을 거야!

¡Sí, se puede!
씨, 쎄 뿌에데!
¡Estoy seguro que lo puedes hacer bien!
에스또이 쎄구로 께 로 뿌에데쓰 아쎄르 비엔!

마음 편히 가지렴.

Relájate.
렐라하떼
Tómalo con calma.
또말로 꼰 깔마
Tranquilízate.
뜨랑낄리싸떼

# 걱정 마.	No te preocupes. 노 떼 쁘레오꾸뻬쓰
# 누구나 한번쯤 실수는 한다.	Todos nos equivocamos. 또도쓰 노쓰 에끼보까모쓰 Todo el mundo tiene errores. 또도 엘 문도 띠에네 에로레쓰

부탁

# 도와주세요!	¡Socorro! 쏘꼬로! ¡Ayuda! 아유다! ¡Auxilio! 아우씰리오!
# 좀 도와주실 수 있나요?	¿Me puede hacer un favor? 메 뿌에데 아쎄르 운 파보르? ¿Me puede ayudar, por favor? 메 뿌에데 아유다르, 뽀르 파보르?
# 부탁 하나만 해도 될까요?	¿Puedo pedirle un favor? 뿌에도 뻬디를레 운 파보르?

전화 좀 써도 될까요?
¿Puedo usar el teléfono?
뿌에도 우사르 엘 뗄레포노?

가방 좀 들어 주세요.
¿Por favor, podría coger mi bolso?
뽀르 파보르, 뽀드리아 꼬헤르 미 볼소?

창문 좀 열어도 될까요?
¿Puedo abrir la ventana?
뿌에도 아브리르 라 벤따나?
¿Me permite abrir la ventana?
메 뻬르미떼 아브리르 라 벤따나?

재촉

급한 일입니다.
Es urgente.
에쓰 우르헨떼

제가 지금 좀 급합니다.
Tengo mucha prisa.
뗑고 무차 쁘리사

빨리 가!
¡Date prisa!
다떼 쁘리사!

#재촉하지 마세요!	¡No me metas prisas! 노 메 메따쓰 쁘리사쓰!
#빨리 올 순 있어?	¿Podrías venir antes? 뽀드리아쓰 베니르 안떼쓰?
#우리 지금 시간이 없어요.	No tenemos tiempo. 노 떼네모쓰 띠엠뽀

추측

#그럴 줄 알았어.	Lo pensé. 로 뻰세 Lo imaginaba. 로 이마히나바
#네가 맞다고 생각해.	Supongo que tienes razón. 쑤뽕고 께 띠에네쓰 라쏜
#괜찮다고 생각해.	Supongo que está bien. 쑤뽕고 께 에스따 비엔

\# 네 말은…?

¿Te refieres…?
떼 레피에레쓰…?

\# 내가 생각하고 있던 게 바로 그거야.

Eso es lo que estaba pensando.
에소 에쓰 로 께 에스따바 뻰산도

\# 그는 잘할 수 있을 것 같아요.

Creo que (él) puede hacerlo bien.
끄레오 께 (엘) 뿌에데 아쎄를로 비엔

\# 아마도요.

Quizás.
끼싸쓰

Puede ser.
뿌에데 쎄르

\# 가능성이 적죠.

Hay pocas posibilidades.
아이 뽀까쓰 뽀시빌리다데쓰

\# 그 사람이 거짓말한 것 같아요.

Creo que ha mentido.
끄레오 께 아 멘띠도

\# 그건 누구도 알기 어려워요.

Nadie lo puede saber.
나디에 로 뿌에데 싸베르

Es algo que nadie puede saber.
에쓰 알고 께 나디에 뿌에데 싸베르

# 집에 아직 없을 것 같은데요.	Creo que todavía no está en casa. 끄레오 께 또다비아 노 에스따 엔 까사
# 내가 아는 한,	Hasta donde yo sé, 아스따 돈데 요 쎄
# 내가 아는 바로는 그렇지 않아.	No, que yo sepa. 노, 께 요 쎄빠
# 확실히 말하기는 힘듭니다.	No puedo decir nada con seguridad. 노 뿌에도 데씨르 나다 꼰 쎄구리닫

동정

# 안됐네!	¡Es una pena! 에쓰 우나 뻬나! ¡Qué lástima! 께 라스띠마!
# 유감이네.	Siento oírte decir eso. 씨엔또 오이르떼 데씨르 에소 Me solidarizo contigo. 메 쏠리다리쏘 꼰띠고

#너무 실망하지 마.　No estés triste.
　　　　　　　　　노 에스떼쓰 뜨리스떼

　　　　　　　　　No te desanimes.
　　　　　　　　　노 떼 데사니메쓰

#흔히 있는 일이야.　Esto pasa muy a menudo.
　　　　　　　　　에스또 빠사 무이 아 메누도

#운이 없었네!　　　¡Qué mala suerte!
　　　　　　　　　께 말라 쑤에르떼!

비난

#창피한 줄 알아라!　¡Qué vergüenza!
　　　　　　　　　께 베르구엔싸!

　　　　　　　　　¿No te da vergüenza?
　　　　　　　　　노 떼 다 베르구엔싸?

#바보같아!　　　　¡Tonterías!
　　　　　　　　　똔떼리아쓰!

#너 미쳤구나?　　　¿Estás loco?
　　　　　　　　　에스따쓰 로꼬?

정신 나갔어?

¿Has perdido la cabeza?
아쓰 뻬르디도 라 까베싸?

구역질 나!

¡Es asqueroso!
에쓰 아스께로소!

¡Me da asco!
메 다 아스꼬!

정말 모르겠어?

¿De verdad no lo sabes?
데 베르닫 노 로 싸베쓰?

바보 짓 하지 마!

¡No hagas el ridículo!
노 아가쓰 엘 리디꿀로!

철 좀 들어라!

¡No seas niño!
노 쎄아쓰 니뇨!

유치해!

¡Niñato(a)!
니냐또(따)!

Capítulo 2
일상생활

나의 하루에 대해
스페인어로 수다를 떨어 볼까요!
일상생활부터 우리 집, 친구, 기념일까지
제대로 이야기해 보아요!

Unidad 1	하루 생활	Unidad 5	집 구하기
Unidad 2	집	Unidad 6	날씨
Unidad 3	초대 & 방문	Unidad 7	전화
Unidad 4	친구 만나기	Unidad 8	명절 & 기념일

Words

☐ **mañana** 마냐나
 f. 아침, 오전
 ad. 내일

☐ **desayuno** 데사유노
 m. 아침 식사

☐ **mediodía** 메디오디아
 m. 정오, 낮 12시

☐ **comida** 꼬미다
 f. 점심 식사; 음식

☐ **tarde** 따르데
 f. 오후 **adv.** 늦게

☐ **cena** 쎄나
 f. 저녁 식사

☐ **noche** 노체
 f. 밤

☐ **dormir** 도르미르
 v. 자다

☐ casa 까사
f. 집

☐ habitación 아비따씨온
f. 방

☐ cocina 꼬씨나
f. 부엌

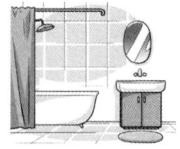
☐ baño 바뇨
m. 욕실; 화장실

☐ cama 까마
f. 침대

☐ sofá 쏘파
m. 소파

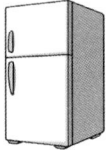
☐ frigorífico 프리고리피꼬 m.
= nevera 네베라 f.
냉장고

☐ lavadora 라바도라
f. 세탁기

Unidad 1 하루 생활

일어나기

#일어날 시간이야!
¡Es hora de levantarse!
에쓰 오라 데 레반따르세!

#일어났니?
¿Estás despierta?
에스따쓰 데스삐에르따?

#막 일어났어요.
Me acabo de despertar.
메 아까보 데 데스뻬르따르

#빨리 일어나, 늦는다.
Levántate ahora o llegarás tarde.
레반따떼 아오라 오 예가라쓰 따르데

#이런! 늦잠을 잤네.
¡Madre mía! Me quedé dormido.
마드레 미아! 메 께데 도르미도

#왜 나 안 깨웠어?
¿Por qué no me has despertado?
뽀르 께 노 메 아쓰 데스뻬르따도?

#어제 밤을 샜어.

Me quedé despierto toda la noche.
메 꼐데 데스삐에르또 또다 라 노체

#내일 아침에 일찍 깨워 주실 수 있나요?

Por favor, ¿podría despertarme temprano mañana por la mañana?
뽀르 파보르, 뽀드리아 데스뻬르따르메 뗌쁘라노 마냐나 뽀르 라 마냐나?

#오늘 몇 시에 일어났어?

¿A qué hora te has levantado esta mañana?
아 께 오라 떼 아쓰 레반따도 에스따 마냐나?

#전 보통 아침 일찍 일어나요.

Me levanto temprano por las mañanas.
메 레반또 뗌쁘라노 뽀르 라쓰 마냐나쓰

#난 아침형 인간이야.

Soy más activo por las mañanas.
쏘이 마쓰 악띠보 뽀르 라쓰 마냐나쓰

#난 보통 아침 6시면 일어나.

Normalmente me levanto a las 6 de la mañana.
노르말멘떼 메 레반또 아 라쓰 쎄이쓰 데 라 마냐나

# 알람을 맞춰 놨는데 일어나지 못했어요.	Puse la alarma, pero no me despertó. 뿌쎄 라 알라르마, 뻬로 노 메 데스뻬르또
# 가끔은 일찍 일어나는 게 힘들어요.	A veces tengo problemas para despertarme pronto. 아 베쎄쓰 뗑고 쁘로블레마쓰 빠라 데스뻬르따르메 쁘론또
# 전 제시간에 일어나려면 누가 전화해 줘야만 돼요.	Necesito que alguien me llame para despertarme a tiempo. 네쎄씨또 께 알기엔 메 야메 빠라 데스뻬르따르메 아 띠엠뽀

씻기

# (너) 손부터 씻어야지.	Lávate las manos primero. 라바떼 라쓰 마노쓰 쁘리메로
# 이 닦았니?	¿Te has lavado los dientes? 떼 아쓰 라바도 로쓰 디엔떼쓰?
# 나는 잠에서 깨려면 세수를 해야 돼.	Tengo que lavarme la cara para despertarme. 뗑고 께 라바르메 라 까라 빠라 데스뻬르따르메

나는 보통 머리는 아침에 감아.
Normalmente me lavo el pelo por la mañana.
노르말멘떼 메 라보 엘 뻴로 뽀르 라 마냐나

나는 매일 아침을 먹은 후 샤워를 해.
Siempre me doy una ducha después del desayuno.
씨엠쁘레 메 도이 우나 두차 데스뿌에쓰 델 데사유노

오늘은 정말 씻기 싫다. 피곤하네.
No quiero ducharme hoy. Estoy cansado(a).
노 끼에로 두차르메 오이. 에스또이 깐사도(다)

식사

(너) 아침 먹어라!
¡Ven a desayunar!
벤 아 데사유나르!

난 아침은 꼭 먹어.
Siempre desayuno.
씨엠쁘레 데사유노

Nunca me salto el desayuno.
눙까 메 쌀또 엘 데사유노

지금 밥 먹고 싶지 않아요. 나중에 먹을게요.
Ahora no quiero comer. Comeré más tarde.
아오라 노 끼에로 꼬메르. 꼬메레 마쓰 따르데

Capítulo 2.

91

#그렇게 음식을 가리면 안 돼.
No seas tan exigente con la comida.
노 쎄아쓰 딴 엑씨헨떼 꼰 라 꼬미다

#(너) 남기지 말고 다 먹어!
¡Cómetelo todo!
꼬메뗄로 또도!

#밥 더 줄까?
¿Quieres un poco más de arroz?
끼에레쓰 운 뽀꼬 마쓰 데 아로쓰?

#다 먹었어?
¿Has terminado?
아쓰 떼르미나도?

#숙취가 심해요.
Tengo una resaca horrible.
뗑고 우나 레사까 오리블레

옷 입기 & 화장하기

#오늘은 뭘 입지?
¿Qué me pongo hoy?
께 메 뽕고 오이?

어떤 넥타이를 매지?
¿Qué corbata me pongo?
께 꼬르바따 메 뽕고?

화장을 해야 해.
Tengo que ponerme algo de maquillaje.
뗑고 께 뽀네르메 알고 데 마끼야헤

그 파티의 드레스 코드는 빨간색이다.
A esta fiesta debes ir de rojo.
아 에스따 피에스따 데베쓰 이르 데 로호

이 립스틱은 나에겐 잘 안 어울려.
Este pintalabios no me favorece.
에르떼 삔딸라비오쓰 노 메 파보레쎄

그녀는 화장하는 데 보통 1시간이 걸려요.
Suele pasar 1 hora maquillándose.
쑤엘레 빠사르 우나 오라 마끼얀도세

너는 화장 안 해도 예뻐.
Estás preciosa aunque no vayas maquillada.
에스따쓰 쁘레시오사 아운께 노 바야쓰 마끼야다

TV 보기

#오늘 밤 TV에서 뭐 하지?
¿Qué hay en la televisión esta noche?
께 아이 엔 라 뗄레비시온 에스따 노체?

#'la primera' 채널에선 뭐 하지?
¿Qué hay en "la primera"?
께 아이 엔 '라 쁘리메라'?

#TV에 뭐 재미있는 거 나와?
¿Hay algo interesante en la televisión?
아이 알고 인떼레산떼 엔 라 뗄레비시온?

#채널 좀 바꾸자.
Vamos a cambiar de canal.
바모쓰 아 깜비아르 데 까날

#채널 좀 그만 돌려.
¡No cambies de canal!
노 깜비에쓰 데 까날!

#리모콘 좀 주세요.
Por favor, dame el mando a distancia.
뽀르 파보르, 다메 엘 만도 아 디스딴씨아

\# TV 볼륨 좀 줄여 주세요.
Por favor, baja el volumen.
뽀르 파보르, 바하 엘 볼루멘

\# 이제 TV를 꺼라.
Apaga la tele.
아빠가 라 뗄레

잠자리

\# 보통 몇 시에 잠드니?
¿A qué hora te vas a acostar?
아 께 오라 떼 바쓰 아 아꼬스따르?

\# 잘 시간이야.
Es hora de irse a la cama.
에쓰 오라 데 이르세 아 라 까마

\# 난 이제 자러 갈게.
Me voy ahora a la cama.
메 보이 아오라 아 라 까마

\# 아직 안 자니? 곧 자정이야!
¿Todavía sigues despierto?
¡Es casi medianoche!
또다비아 씨게쓰 데스삐에르또?
에쓰 까시 메디아노체!

불 좀 꺼 줄래?
¿Puedes apagar la luz?
뿌에데쓰 아빠가르 라 루쓰?

어제는 일찍 잠들었어.
Ayer, me fui directamente a la cama.
아예르, 메 푸이 디렉따멘떼 아 라 까마

잠버릇

Jorge는 밤새도록 코를 골아요.
Jorge ronca toda la noche.
호르헤 롱까 또다 라 노체

넌 간밤에 코를 엄청 골았어.
Anoche roncaste como un hipopótamo.
아노체 롱까스떼 꼬모 운 이뽀뽀따모

그는 잠자리에 들자마자 코를 골기 시작했다.
Tan pronto como se fue a la cama, empezó a roncar.
딴 쁘론또 꼬모 쎄 푸에 아 라 까마, 엠뻬쏘 아 롱까르

Marcos는 잠꼬대하는 버릇이 있다.
Marcos habla en sueños.
마르꼬쓰 아블라 엔 쑤에뇨쓰

저는 가끔 잠꼬대를 해요.

A veces hablo mientras sueño.
아 베쎄쓰 아블로 미엔뜨라쓰 쑤에뇨

Ana는 잘 때 이를 갈아요.

Ana rechina los dientes cuando duerme.
아나 레치나 로쓰 디엔떼쓰 꾸안도 두에르메

숙면

지난밤에는 푹 잤어요.

Anoche dormí bien.
아노체 도르미 비엔

Tuve una buena noche.
뚜베 우나 부에나 노체

Dormí como un tronco.
도르미 꼬모 운 뜨롱꼬

나는 불면증이 있어요.

Tengo insomnio.
뗑고 인쏨니오

Sufro de insomnio.
쑤프로 데 인쏨니오

잠을 잘 못 잤니?

¿Has dormido mal?
아쓰 도르미도 말?

요새 잠을 잘 못 자고 있어요.
No he dormido bien últimamente.
노 에 도르미도 비엔 울띠마멘떼

피로를 푸는 가장 좋은 방법은 숙면이죠.
La mejor manera de recuperarse es dormir bien.
라 메호르 마네라 데 레꾸뻬라르세 에쓰 도르미르 비엔

꿈

잘 자!
¡Dulces sueños! (어린이에게만 가능)
둘쎄쓰 쑤에뇨쓰!
¡Que tengas una buena noche!
께 뗑가쓰 우나 부에나 노체!

어제 이상한 꿈을 꿨어.
Anoche tuve un sueño extraño.
아노체 뚜베 운 쑤에뇨 엑스뜨라뇨

악몽을 꿨다.
Tenía un mal sueño.
떼니아 운 말 쑤에뇨
Tenía una pesadilla.
떼니아 우나 뻬사디야

내 꿈에 너 나왔다.
Te vi en mis sueños.
떼 비 엔 미쓰 쑤에뇨쓰

#지난 밤 무슨 꿈을 꾼 것 같은데 기억을 못 하겠네.

Anoche creo que tuve un sueño, pero no lo recuerdo.
아노체 끄레오 께 뚜베 운 쑤에뇨, 뻬로 노 로 레꾸에르도

#악몽을 꿔서 다시 잘 수가 없었어.

Tuve una pesadilla, así que no pude volverme a dormir.
뚜베 우나 뻬사디야, 아씨 께 노 뿌데 볼베르메 아 도르미르

Capítulo 2.

Unidad 2 집

화장실 사용

\# 화장실이 어디죠?
¿Dónde está el baño?
돈데 에스따 엘 바뇨?

\# 화장실 좀 다녀올게.
Voy al baño.
보이 알 바뇨
Voy al servicio.
보이 알 쎄르비씨오

\# 화장실에 있었어요.
Estaba en el baño.
에스따바 엔 엘 바뇨

\# 화장실에 누가 있어.
Está ocupado (el baño).
에스따 오꾸빠도 (엘 바뇨)

\# 변기가 막혔어요.
El váter está obstruido.
엘 바떼르 에스따 옵스뜨루이도

\# 화장실 배수관이 막혔어요.
El desagüe (del baño) está obstruido.
엘 데사구에 (델 바뇨) 에스따 옵스뜨루이도

화장실 에티켓

\# 변기 물 내리는 거 잊지 마세요.

No se olvide de tirar de la cadena.
노 쎄 올비데 데 띠라르 데 라 까데나

\# 사용한 휴지는 휴지통에 넣어 주세요.

Por favor, tire el papel usado a la papelera.
뽀르 파보르, 띠레 엘 빠뻴 우사도 아 라 빠뻴레라

\# 휴지는 휴지통에.

Tira la basura en la papelera.
띠라 라 바수라 엔 라 빠뻴레라

\# 이물질을 변기에 버리지 마시오.

No tire los residuos en el servicio.
노 띠레 로쓰 레시두오쓰 엔 엘 쎄르비씨오

\# 화장지를 아껴 씁시다.

Ahorre en lo posible el papel (higiénico).
아오레 엔 로 뽀씨블레 엘 빠뻴 (이히에니꼬)

\# 바닥에 침을 뱉지 마시오.

No escupa en el suelo.
노 에스꾸빠 엔 엘 쑤엘로

\# 나갈 때 불
꺼 주세요.

Se ruega apague la luz al salir.
쎄 루에가 아빠게 라 루쓰 알 쌀리르

욕실에서

\# 난 매일
샤워를 해요.

Me ducho todos los días.
메 두초 또도쓰 로쓰 디아쓰

\# 욕실을 좀
써도 될까요?

¿Puedo usar el baño?
뿌에도 우사르 엘 바뇨?

\# 아침에는 머리
감을 시간이
없어서 주로
저녁에 감아요.

Suelo lavarme el pelo por la noche porque no tengo tiempo por la mañana.
쑤엘로 라바르메 엘 뻴로 뽀르 라 노체 뽀르께 노 뗑고 띠엠뽀 뽀르 라 마냐나

\# 샤워 후에
목욕탕을
청소하세요.

Por favor, recoja el baño después de ducharse.
뽀르 파보르, 레꼬하 엘 바뇨 데스뿌에쓰 데 두차르세

\# 넌 샤워하는데 시간이 너무 많이 걸려.

Necesitas mucho tiempo para ducharte.
네쎄시따쓰 무초 띠엠뽀 빠라 두차르떼

\# 욕조 배수관이 고장 났어요.

El desagüe de la bañera no funciona.
엘 데사구에 데 라 바녜라 노 푼씨오나

거실에서

\# 저녁 식사 후에 우리 가족은 거실에서 TV를 봅니다.

Después de la cena, toda mi familia ve la televisión en el salón.
데스뿌에쓰 데 라 쎄나, 또다 미 파밀리아 베라 뗄레비시온 엔 엘 쌀론

\# 저녁이면 우리 가족은 거실에 모여 앉아 그날의 하루에 대해 이야기하곤 했어요.

Por la noche, toda mi familia nos sentábamos en la sala de estar para hablar de nuestro día.
뽀르 라 노체, 또다 미 파밀리아 노쓰 쎈따바모쓰 엔 라 쌀라 데 에스따르 빠라 아블라르 데 누에스뜨로 디아

Capítulo 2.

우리 집 거실은 춥습니다.

Nuestro salón es muy frío.
누에스뜨로 쌀론 에스 무이 프리오

거실이 좀 더 넓으면 좋겠어요.

Necesito un salón más amplio.
네쎄시또 운 쌀론 마쓰 암쁠리오

거실에는 TV가 있어요.

Hay un televisor en el salón.
아이 운 뗄레비소르 엔 엘 쌀론

우리 집 거실은 너무 혼잡해.

Nuestro salón está demasiado lleno.
누에스뜨로 쌀론 에스따 데마시아도 예노

부엌에서

설거지 좀 도와드릴까요?

¿Puedo ayudar a limpiar los platos?
뿌에도 아유다르 아 림삐아르 로쓰 쁠라또쓰?

주로 요리는 제가 하고 설거지는 남편이 해요.

Normalmente suelo cocinar yo y mi marido limpia los platos.
노르말멘떼 쑤엘로 꼬씨나르 요 이 미 마리도 림삐아 로쓰 쁠라또쓰

식기 세척기가 있지만 잘 쓰진 않아요.
Tengo lavavajillas, pero no lo uso mucho.
뗑고 라바바히야쓰, 뻬로 노 로 우소 무초

이 아파트의 부엌은 모든 설비가 갖춰져 있어요.
La cocina de este apartamento está totalmente equipada.
라 꼬씨나 데 에스떼 아빠르따멘토 에스따 또딸멘떼 에끼빠다

전자레인지 좀 써도 될까요?
¿Puedo usar el microondas?
뿌에도 우사르 엘 미끄로온다쓰?

부엌이 좁아서 식사는 주로 거실에서 해요.
Comemos en el salón porque no hay espacio para comer en la cocina.
꼬메모쓰 엔 엘 쌀론 뽀르께 노 아이 에스빠씨오 빠라 꼬메르 엔 라 꼬씨나

식탁에서

식탁 차리는 것 좀 도와주실래요?
¿Va a ayudarme a poner la mesa?
바 아 아유다르메 아 뽀네르 라 메사?

자, 자리에 앉읍시다.
Vamos a sentarnos.
바모쓰 아 쎈따르노쓰

부엌에서 나는 맛있는 냄새에 군침이 돌았다.
El delicioso aroma que se desprendía de la cocina, me hizo la boca agua.
엘 델리씨오소 아로마 께 쎄 데스쁘렌디아 데 라 꼬씨나, 메 이쏘 라 보까 아구아

저 음식 좀 건네 주시겠어요?
¿Me puede pasar aquel plato, por favor?
메 뿌에데 빠사르 아껠 쁠라또, 뽀르 파보르?

정말 맛있게 잘 먹었어요.
Me gustó mucho la comida. Estaba riquísima.
메 구스또 무초 라 꼬미다. 에스따바 리끼시마

식사 예절

입에 음식을 넣은 채 말하지 마라.
No hables con la boca llena.
노 아블레쓰 꼰 라 보까 예나

# 다 먹은 후 접시는 싱크대에 넣어라.
Después de comer, pon tu plato en el fregadero.
데스뿌에쓰 데 꼬메르, 뽄 뚜 쁠라또 엔 엘 프레가데로

\# 식탁에 팔꿈치를 올리면 안 된다.
No debes poner los codos sobre la mesa.
노 데베쓰 뽀네르 로쓰 꼬도쓰 쏘브레 라 메사

\# 돌아다니면서 먹지 말아라.
No te muevas cuando estés comiendo.
노 떼 무에바쓰 꾸안도 에스떼쓰 꼬미엔도

\# 꼭꼭 씹어 먹어라.
Mastica bien cada bocado.
마스띠까 비엔 까다 보까도

\# 자리에서 먼저 일어나도 될까요?
¿Puedo levantarme?
뿌에도 레반따르메?
¿Le importa si me levanto?
레 임뽀르따 씨 메 레반또?

설거지

\# 식탁 좀 치워 줄래요?
¿Puede recoger la mesa, por favor?
뿌에데 레꼬헤르 라 메사, 뽀르 파보르?

Capítulo 2.

107

#그릇을 싱크대에 넣어 주세요.	**Ponga sus platos en el fregadero.** 뽕가 쑤쓰 쁠라또쓰 엔 엘 프레가데로
#식탁을 치우고 그릇을 식기세척기에 넣어 줄래?	**¿Podrías recoger la mesa y meter los platos en el lavavajillas, por favor?** 뽀드리아쓰 레꼬헤르 라 메사 이 메떼르 로쓰 쁠라또쓰 엔 엘 라바바히야쓰, 뽀르 파보르?
#설거지는 내가 할게요.	**Voy a lavar los platos.** 보이 아 라바르 로쓰 쁠라또쓰
#그가 제 대신 설거지를 할 거라고 했어요.	**Dijo que iba lavar los platos por mí.** 디호 께 이바 라바르 로쓰 쁠라또쓰 뽀르 미
#당신이 요리했으니까 (오늘 저녁) 설거지는 내가 할게.	**Ya que has cocinado para mí, voy a lavar los platos esta noche.** 야 께 아쓰 꼬씨나도 빠라 미, 보이 아 라바르 로쓰 쁠라또쓰 에스따 노체

위생

#식사 전에 손을 비누로 깨끗이 씻어라.

Lávate bien las manos con jabón antes de las comidas.
라바떼 비엔 라쓰 마노쓰 꼰 하본 안떼쓰 데 라쓰 꼬미다쓰

#그녀는 집에 돌아오면 항상 손부터 씻는다.

Siempre se lava las manos tan pronto como llega a casa.
씨엠쁘레 쎄 라바 라쓰 마노쓰 딴 쁘론또 꼬모 예가 아 까사

#독감 예방을 위해 가장 중요한 것은 외출했다 돌아와서 손을 씻는 거예요.

Lo más importante es lavarse las manos después de regresar de la calle para prevenir la gripe.
로 마쓰 임뽀르딴떼 에쓰 라바르세 라쓰 마노쓰 데스뿌에쓰 데 레그레사르 데 라 까예 빠라 쁘레베니르 라 그리뻬

#그들은 위생 관념이 없어요.

No tienen sentido de la higiene.
노 띠에넨 쎈띠도 데 라 이히에네

#그녀는 지나치게 청결에 집착해요.

Está demasiado obsesionada con la limpieza.
에스따 데마시아도 옵세시오나다 꼰 라 림삐에싸

Capítulo 2.

\# 청결이 병을 예방하는 최선책이에요.

Mantenerse limpio es una salvaguarda contra las enfermedades.
만떼네르세 림삐오 에쓰 우나 쌀바구아르다 꼰뜨라 라쓰 엠페르메다데쓰

청소

\# 방이 더럽다. (너희들) 좀 치워라.

La habitación está muy desordenada. Limpiadla.
라 아비따씨온 에스따 무이 데소르데나다. 림뻬앋라

\# 청소기를 돌려야겠어.

Tengo que pasar la aspiradora.
뗑고 께 빠사르 라 아스뻬라도라

\# 집 청소하는 것 좀 도와줘.

Ayúdame a limpiar la casa.
아유다메 아 림삐아르 라 까사

\# 나는 한 달에 한 번 대청소를 한다.

Limpio la casa de arriba a abajo una vez al mes.
림삐오 라 까사 데 아리바 아 아바호 우나 베쓰 알 메쓰

창문 좀 닦아 줄래?
¿Puedes fregar las ventanas?
뿌에데쓰 프레가르 라쓰 벤따나쓰?

엎지른 물을 걸레로 닦았어.
Limpié con un trapo el agua derramada.
림삐에 꼰 운 뜨라뽀 엘 아구아 데라마다

분리수거

쓰레기통 좀 비우지 그래?
¿Por qué no sacas la basura?
뽀르 께 노 싸까쓰 라 바수라?

쓰레기 좀 버려 줄래요?
¿Puedes sacar la basura?
뿌에데쓰 싸까르 라 바수라?

재활용 쓰레기는 어디에 버려야 하나요?
¿Dónde debo tirar la basura reciclable?
돈데 데보 띠라르 라 바수라 레씨끌라블레?

쓰레기 더미에서 악취가 나요.
El vertedero despide un olor asqueroso.
엘 베르떼데로 데스삐데 운 올로르 아스께로소

Capítulo 2.

111

세탁

#오늘은 빨래를 해야 해.
Tengo que lavar hoy mi ropa.
뗑고 께 라바르 오이 미 로빠

#빨래가 산더미야.
Hay un montón de ropa sucia.
아이 운 몬똔 데 로빠 쑤씨아

#세탁기를 돌려야겠어.
Voy a poner la lavadora.
보이 아 뽀네르 라 라바도라

#다림질할 옷이 산더미야.
Tengo un montón de ropa para planchar.
뗑고 운 몬똔 데 로빠 빠라 쁠란차르

#빨래 좀 널어 주세요.
Por favor, cuelga la ropa lavada.
뽀르 파보르, 꾸엘가 라 로빠 라바다

#빨래 좀 개 줄래요?
Por favor, ayúdame a doblar la ropa.
뽀르 파보르, 아유다메 아 도블라르 라 로빠

| # 셔츠 좀 다려 주실 수 있나요? | ¿Por favor, podría planchar las camisas?
뽀르 파보르, 뽀드리아 쁠란차르 라쓰 까미사쓰? |

집 꾸미기

| # 전 집 꾸미기를 좋아해요. | Me gusta decorar la casa.
메 구스따 데꼬라르 라 까사 |

| # 인테리어나 가구 디자인에 관심이 많아요. | Estoy interesado en la arquitectura y en el diseño de muebles.
에스또이 인떼레사도 엔 라 아르끼떽뚜라 이 엔 엘 디세뇨 데 무에블레쓰 |

| # 새 집의 인테리어가 마음에 들지 않아요. | No me gusta el diseño interior de mi nueva casa.
노 메 구스따 엘 디세뇨 인떼리오르 데 미 누에바 까사 |

| # 인테리어 전문가가 집 전체를 개조했다. | El decorador renovó toda la casa.
엘 데꼬라도르 레노보 또다 라 까사 |

#새 커튼은 벽 색깔과 어울리지 않아.

Las nuevas cortinas no quedan bien con el color de la pared.
라쓰 누에바쓰 꼬르띠나쓰 노 꼐단 비엔 꼰 엘 꼴로르 데 라 빠렏

#Susana의 집 거실은 화려한 가구로 꾸며져 있어요.

El salón de Susana está lujosamente amueblado.
엘 쌀론 데 쑤사나 에스따 루호사멘떼 아무에블라도

Unidad 3 초대 & 방문 MP3. C02_U03

초대하기

내일 시간 있니?
¿Mañana tienes tiempo?
마냐나 띠에네쓰 띠엠뽀?

우리 집으로 저녁 먹으러 오지 않을래?
¿Quieres venir a cenar a mi casa?
끼에레쓰 베니르 아 쎄나르 아 미 까사?

나랑 점심 먹을래?
¿Quieres comer conmigo?
끼에레쓰 꼬메르 꼰미고?

이번 토요일에 무슨 계획 있니?
¿Tienes algún plan para este sábado?
띠에네쓰 알군 쁠란 빠라 에스떼 싸바도?

몇 시에 만날까?
¿A qué hora quedamos?
아 께 오라 께다모쓰?

좋아, 당연하지.
Claro, por supuesto.
끌라로, 뽀르 쑤뿌에스또

\# 집에 도착하기
한 시간 전에 미리
전화 좀 해 줘.

Llámame una hora antes de venir a mi casa.
야마메 우나 오라 안떼쓰 데 베니르 아 미 까사

방문하기

\# 몇 시에 가면
되나요?

¿A qué hora debo estar allí?
아 께 오라 데보 에스따르 아지?

\# 늦지 말고 시간을
엄수해 주세요.

Por favor, sea puntual.
No llegue tarde.
뽀르 파보르, 쎄아 뿐뚜알.
노 예게 따르데

\# 초대에
감사 드려요.

Agradezco su invitación.
아그라데쓰꼬 쑤 임비따씨온

\# 디저트를 좀
가져왔습니다.

He traído un postre.
에 뜨라이도 운 뽀스뜨레

\# 담배 피워도
되나요?

¿Puedo fumar?
뿌에도 푸마르?

뭐 내가 가져갈 거 있니?

¿Hay algo que pueda llevar?
아이 알고 께 뿌에다 예바르?

마실 것은 어떤 걸 줄까?
(마실 것을 원하니?)

¿Quieres algo de beber?
끼에레쓰 알고 데 베베르?

마실 것은 어떤 걸 드릴까요?
(마실 것을 원하시나요?)

¿Desea tomar algo?
데세아 또마르 알고?

Capítulo 2.

117

Unidad 4 친구 만나기   MP3. C02_U04

약속 잡기

\# 이번 주말에 나랑 영화 보러 갈래?
¿Quieres ir al cine este fin de semana?
끼에레쓰 이르 알 씨네 에스떼 핀 데 쎄마나?

\# 몇 시에 만날까?
¿A qué hora podemos quedar?
아 께 오라 뽀데모쓰 께다르?

\# Juan도 부를까?
¿Quieres que llamemos a Juan?
끼에레쓰 께 야메모쓰 아 후안?

\# 나는 토요일 오전에는 다 좋아.
Estoy libre a cualquier hora del sábado por la mañana.
에스또이 리브레 아 꾸알끼에르 오라 델 싸바도 뽀르 라 마냐나

\# Juan한테는 내가 전화해 볼게.
Voy a llamar a Juan.
보이 아 야마르 아 후안

\# 나는 이번 주는 안 되는데, 다음 주는 어떨까?
No tengo tiempo esta semana; ¿podemos quedar la próxima?
노 뗑고 띠엠뽀 에스따 쎄마나, 뽀데모쓰 께다르 라 쁘록씨마?

\# 나는 영화보다 간단히 뭘 먹었으면 좋겠는데.

Prefiero picar algo más a ver una película.
쁘레피에로 삐까르 알고 마쓰 아 베르 우나 뻴리꿀라

안부 묻기

\# 그동안 뭐하며 지냈어?

¿Qué has estado haciendo últimamente?
께 아쓰 에스따도 아씨엔도 울띠마멘떼?

\# 너 María 소식은 들었니?

¿Has oído algo de María?
아쓰 오이도 알고 데 마리아?

\# 영국에 취직되어 갔다는 소식은 들었는데 도통 연락이 없네.

He oído que encontró un trabajo en Inglaterra, pero tampoco me ha llamado.
에 오이도 께 엥꼰뜨로 운 뜨라바호 엔 잉글라떼라, 뻬로 땀뽀꼬 메 아 야마도

\# 무슨 일 있어? 슬퍼 보여.

¿Ha pasado algo? Te veo triste.
아 빠사도 알고? 떼 베오 뜨리스떼

# 하는 일은 어때? 잘 돼가?	¿Qué tal tu trabajo? ¿Todo bien? 께 딸 뚜 뜨라바호? 또도 비엔?
# 다이어트 중이야? 살 빠진 것 같아.	¿Estás a dieta? Te veo más delgado. 에스따쓰 아 디에따? 떼 베오 마쓰 델가도

일상 대화

# 너 Nuria랑 Mario가 헤어진 거 알고 있어?	¿Sabes que Nuria y Mario han roto? 싸베쓰 께 누리아 이 마리오 안 로또?
# 그건 말이 안 돼.	No tiene sentido. 노 띠에네 쎈띠도
# 네 말도 일리가 있어.	También tienes razón. 땀비엔 띠에네쓰 라쏜
# 일 때문에 스트레스가 너무 심해.	Estoy muy estresado por mi trabajo. 에스또이 무이 에스뜨레사도 뽀르 미 뜨라바호

하지만 그게 인생이지. 견뎌야지 뭐.

Ya, pero así es la vida. Hay que aguantar.
야, 뻬로 아시 에쓰 라 비다. 아이 께 아구안따르

이번 주 토요일에 Andrea를 만나기로 했어. 올래?

Voy a quedar con Andrea este sábado. ¿Quieres venir?
보이 아 께다르 꼰 안드레아 에스떼 싸바도. 끼에레쓰 베니르?

난 Andrea가 별로야. 걘 너무 잘난 척해.

No me gusta Andrea. Para mí, es demasiado pija.
노 메 구스따 안드레아. 빠라 미, 에쓰 데마시아도 삐하

헤어질 때

너 오늘 집에 몇 시에 들어갈 거야?

¿A qué hora vas a casa?
아 께 오라 바쓰 아 까사?

전철이 몇 시에 끊기지?

¿A qué hora se acaba el metro?
아 께 오라 쎄 아까바 엘 메뜨로?

택시 타고 가려고. 같이 갈래?

Voy a coger un taxi. ¿Me acompañas?
보이 아 꼬헤르 운 딱씨. 메 아꼼빠냐쓰?

Capítulo 2.

피곤하다.
난 이만 가 볼게.

Estoy cansado(a). Me voy.
에스또이 깐사도(다). 메 보이

조만간 또 볼 수 있길 바란다.

Espero que nos veamos pronto.
에스뻬로 께 노쓰 베아모쓰 쁘론또

Unidad 5 집 구하기

MP3. C02_U05

부동산 집 구하기

\# 새 아파트를
구하고 있습니다.

Estoy buscando un nuevo piso.
에스또이 부스깐도 운 누에보 삐소

\# 추천해 주실
집이 있나요?

¿Podría recomendarme algún sitio?
뽀드리아 레꼬멘다르메 알군 씨띠오?

\# 어느 정도
크기의 집을 찾고
있으세요?

¿Cómo lo quieres de grande?
꼬모 로 끼에레쓰 데 그란데?

\# 방 두 개짜리
아파트를 원합니다.

Me gustaría un piso de dos dormitorios.
메 구스따리아 운 삐소 데 도쓰 도르미또리오쓰

\# 지하철 역에서
가까운 집이
있나요?

¿Tiene algún piso cerca de la estación de metro?
띠에네 알군 삐소 쎄르까 데 라 에스따씨온 데 메뜨로?

\# 요구에 맞는
좋은 곳이
있습니다.

Tengo uno que te puede encajar.
뗑고 우노 께 떼 뿌에데 엥까하르

Capítulo 2.

\# 이 아파트는 방이 몇 개인가요?
¿Cuántas habitaciones tiene este piso?
꾸안따쓰 아비따씨오네쓰 띠에네 에스떼 삐소?

\# 빌트인에 방 두 개와 욕실이 있습니다.
Dispone de dos habitaciones totalmente amuebladas y un baño.
디스뽀네 데 도쓰 아비따씨오네쓰 또딸멘떼 아무에블라다쓰 이 운 바뇨

부동산 조건 보기

\# 두 달치 월세 분의 보증금이 있어요.
Hay un depósito de dos meses para el alquiler.
아이 운 데뽀시또 데 도쓰 메세쓰 빠라 엘 알낄레르

\# 교통은 어떤가요? (근처 교통 수단에는 무엇이 있나요?)
¿Qué transportes hay cerca?
께 뜨란스뽀르떼쓰 아이 쎄르까?

\# 지하철 역에서 걸어서 10분 거리입니다.
Hay una estación de metro a 10 minutos a pie.
아이 우나 에스따씨온 데 메뜨로 아 디에쓰 미누또쓰 아 삐에

엘리베이터는 있나요?
¿Tiene ascensor?
띠에네 아스쎈소르?

임대료는 얼마인가요?
¿Cuánto es el alquiler?
꾸안또 에쓰 엘 알낄레르?

이 동네는 집세가 아주 비싸요.
Este barrio es muy caro.
에스떼 바리오 에쓰 무이 까로

임대 계약 기간은 얼마입니까?
¿Por cuánto tiempo es el contrato de alquiler?
뽀르 꾸안또 띠엠뽀 에쓰 엘 꼰뜨라또 데 알낄레르?

임대할 집을 찾고 있어요.
Estamos buscando una casa para alquilar.
에스따모쓰 부스깐도 우나 까사 빠라 알낄라르

부동산 계약하기

계약하겠어요.
Quiero firmar el contrato de arrendamiento.
끼에로 필마르 엘 꼰뜨라또 데 아렌다미엔또

\# 이 집으로 하겠어요.

Me llevaré esto al nuevo piso.
메 예바레 에스또 알 누에보 삐소

\# 이 아파트를 임대하겠어요.

Me gustaría alquilar este apartamento.
메 구스따리아 알낄라르 에스떼 아빠르따멘또

\# 계약할까요?

¿Firmamos el contrato?
피르마모쓰 엘 꼰뜨라또?

\# 언제 이사 올 수 있을까요?

¿Cuándo me puedo mudar?
꾸안도 메 뿌에도 무다르?

\# 당장 이사 들어가도 될까요?

¿Puedo mudarme de inmediato?
뿌에도 무다르메 데 임메디아또?

\# 공과금 포함 한 달에 500유로입니다.

Son 500 euros al mes, gastos incluidos.
쏜 끼니엔또 에우로쓰 알 메쓰, 가스또쓰 인끌루이도쓰

\# 월세는 매월 1일에 내시면 됩니다.

Hay que pagar el primer día de cada mes.
아이 께 빠가르 엘 쁘리메르 디아 데 까다 메쓰

이사 계획

이사할 때가 된 것 같아요.
Deberíamos mudarnos.
데베리아모쓰 무다르노쓰

우리는 한 달 내에 이사할 계획이에요.
Nos mudaremos en un mes.
노쓰 무다레모쓰 엔 운 메쓰

곧 이사 가신다면서요.
He oído que se mudará pronto.
에 오이도 께 쎄 무다라 쁘론또

언제 새 아파트로 이사 가세요?
¿Cuándo se mudará a su nuevo piso?
꾸안도 쎄 무다라 아 쑤 누에보 삐소?

이사하는 것 때문에 걱정이에요.
Estoy preocupado(a) por la mudanza.
에스또이 쁘레오꾸빠도(다) 뽀르 라 무단싸

이사 가려면 한 달 전에 미리 알려 주셔야 합니다.
En caso de quererse ir, debe darme un preaviso de un mes.
엔 까소 데 께레르세 이르, 데베 다르메 운 쁘레아비소 데 운 메쓰

127

짐 싸기

\# 이삿짐은
모두 쌌어요?

¿Terminaste de embalar todo?
떼르미나스떼 데 엠발라르 또도?

\# 이사 가기 위해
짐을 싸야 해요.

Tengo que hacer las maletas para mudarme a la nueva casa.
뗑고 께 아쎄르 라쓰 말레따쓰 빠라 무다르메 아 라 누에바 까사

\# 이삿짐 센터에
맡겼어요.

La empresa de mudanzas está cargando todas mis cosas.
라 엠쁘레사 데 무단싸쓰 에스따 깔간도 또다쓰 미쓰 꼬사쓰

\# 나 혼자 이삿짐을
다 쌌어.

Embalé todo yo mismo(a).
엠발레 또도 요 미스모(마)

\# 이사 가기
전에 물건들을
팔아야겠어요.

Voy a vender algunas de mis cosas antes de mudarme.
보이 아 벤데르 알구나쓰 데 미쓰 꼬사쓰 안떼쓰 데 무다르메

\# 이사 가는
건 쉬운 일이
아니에요.

Cambiar de casa no es nada fácil.
깜비아르 데 까사 노 에쓰 나다 파씰

#이사할 때 도움이 필요하면 말해. 도와줄게.

Hazme saber si necesitas ayuda cuando te vayas a mudar. Te ayudaré.
아쓰메 싸베르 씨 네쎄시따쓰 아유다 꾸안도 떼 바야쓰 아 무다르. 떼 아유다레

Si necesitas alguna ayuda en la mudanza, házmelo saber. Estaré encantado de echar una mano.
씨 네쎄시따쓰 알구나 아유다 엔 라 무단싸, 아쓰멜로 싸베르. 에스따레 엥깐따도 데 에차르 우나 마노

이사 비용

#이사 비용 때문에 걱정이에요.

Estoy preocupado(a) por los gastos de la mudanza.
에스또이 쁘레오꾸빠도(다) 뽀르 로쓰 가스또쓰 데 라 무단싸

#다른 도시로 이사하는 데는 비용이 엄청나게 들어요.

Es muy caro trasladarse a otra ciudad.
에쓰 무이 까로 뜨라슬라다르세 아 오뜨라 씨우닫

#이사하는 데에는 비용이 상당히 들어요.

El gasto de la mudanza es bastante alto.
엘 가스또 데 라 무단싸 에쓰 바스딴떼 알또

#회사에서 이사 비용을 지원해 준대요.

Mi empresa pagará los gastos de traslado.
미 엠쁘레사 빠가라 로쓰 가스또쓰 데 뜨라슬라도

#4인 가족이 마드리드에서 바르셀로나로 옮기는 데 비용이 얼마나 드나요?

¿Cuánto cuesta mover las cosas de un hogar de una familia de cuatro miembros de Madrid a Barcelona?
꾸안또 꾸에스따 모베르 라쓰 꼬사쓰 데 운 오가르 데 우나 파밀리아 데 꾸아뜨로 미엠브로쓰 데 마드릳 아 바르쎌로나?

#포장 이사도 취급하시나요?

¿Tiene un servicio de embalaje el transporte?
띠에네 운 쎄르비씨오 데 엠발라헤 엘 뜨란스뽀르떼?

Unidad 6 날씨

날씨 묻기

\# 오늘 날씨 어때요?
¿Qué tiempo hace hoy?
께 띠엠뽀 아쎄 오이?

\# 그곳 날씨 어때요?
¿Qué tiempo hace por allí?
께 띠엠뽀 아쎄 뽀르 아지?

\# 바깥 날씨 어때요?
¿Qué tiempo hace fuera?
께 띠엠뽀 아쎄 푸에라?

\# 내일 날씨는 어떨까요?
¿Qué tiempo hará mañana?
께 띠엠뽀 아라 마냐나?

\# 오늘 몇 도예요?
¿Cuántos grados hace hoy?
꾸안또쓰 그라도쓰 아쎄 오이?

\# 이런 날씨 좋아해?
¿Te gusta este tipo de clima?
떼 구스따 에스떼 띠뽀 데 끌리마?

\# 이런 날씨가 계속될까?

¿Crees que este tiempo va a continuar?
　끄레에쓰 께 에스떼 띠엠뽀 바 아 꼰띠누아르?

일기예보

\# 오늘 일기예보 어때요?

¿Cuál es el pronóstico (de tiempo) para hoy?
　꾸알 에쓰 엘 쁘로노스띠꼬 (데 띠엠뽀) 빠라 오이?

\# 내일 일기예보 아세요?

¿Cuál es el pronóstico (de tiempo) para mañana?
　꾸알 에쓰 엘 쁘로노스띠꼬 (데 띠엠뽀) 빠라 마냐나?

\# 주말 일기예보는 어때요?

¿Cuál es la previsión meteorológica para el fin de semana?
　꾸알 에쓰 라 쁘레비시온 메떼오롤로히까 빠라 엘 핀 데 쎄마나?

\# 일기예보를 확인해 봐.

Mira qué tiempo hará.
　미라 께 띠엠뽀 아라

# 날씨가 일기예보 그대로네요.	**Hace el tiempo previsto.** 아쎄 엘 띠엠뽀 쁘레비스또
# 일기예보가 틀렸어요.	**La previsión meteorológica era incorrecta.** 라 쁘레비시온 메떼오롤로히까 에라 잉꼬렉따
# 일기예보는 믿을 수가 없어요.	**No podemos confiar en el pronóstico del tiempo.** 노 뽀데모쓰 꼼피아르 엔 엘 쁘로노스띠꼬 델 띠엠뽀

맑은 날

# 오늘 날씨가 참 좋죠.	**Hace un buen día.** 아쎄 운 부엔 디아
# 햇빛이 아주 좋아요.	**Está muy soleado.** 에스따 무이 쏠레아도
# 최근에는 날씨가 계속 좋은데요.	**Ha hecho buen tiempo últimamente.** 아 에초 부엔 띠엠뽀 울띠마멘떼

이런 날씨가 계속되면 좋겠어요.
Espero que este tiempo dure.
에스뻬로 께 에스떼 띠엠뽀 두레

내일은 맑아야 할 텐데.
Espero que mañana haga buen tiempo.
에스뻬로 께 마냐나 아가 부엔 띠엠뽀

오늘 오후에는 갤 것 같아요.
Parece que va a aclarar esta tarde.
빠레쎄 께 바 아 아끌라라르 에스따 따르데

흐린 날

날씨가 궂어요.
Está nublado.
에스따 누블라도
Hay nubes.
아이 누베쓰

날이 흐려지고 있어요.
El cielo se está nublando.
엘 씨엘로 쎄 에스따 누블란도

날이 흐려졌어요.
El cielo está nublado.
엘 씨엘로 에스따 누블라도

#하늘이 어두워졌어요.	El cielo se ha puesto muy oscuro. 엘 씨엘로 쎄 아 뿌에스또 무이 오스꾸로 El cielo se ha oscurecido densamente. 엘 씨엘로 쎄 아 오스꾸레씨도 덴사멘떼
#금방이라도 비가 내릴 것 같아요.	Lloverá en cualquier momento. 요베라 엔 꾸알끼에르 모멘또 Las nubes amenazan lluvia. 라쓰 누베쓰 아메나싼 유비아
#변덕스러운 날씨네요.	Hace un tiempo caprichoso. 아쎄 운 띠엠뽀 까프리초소
#아 너무 불쾌한 날씨야!	¡Qué tiempo tan desagradable! 께 띠엠뽀 딴 데사그라다블레!

비 오는 날

#비가 와요.	Está lloviendo. 에스따 요비엔도

비가 뚝뚝 떨어지기 시작했어요.

Empezó a llover.
엠뻬쏘 아 요베르

Acaba de empezar a llover.
아까바 데 엠뻬싸르 아 요베르

비가 억수같이 퍼붓는데요.

Llueve a cántaros.
유에베 아 깐따로쓰

Llueve mucho.
유에베 무초

이제 비가 그쳤나요?

¿Todavía no ha parado de llover?
또다비아 노 아 빠라도 데 요베르?

비가 올 것 같아요.

Parece que va a llover.
빠레쎄 께 바 아 요베르

비가 오락가락하는데요.

Está lloviendo intermitentemente.
에스따 요비엔도 인떼르미뗀떼멘떼

비가 올 것 같네. 우산을 가지고 가라!

Parece que habrá lluvia, ¡trae paraguas!
빠레쎄 께 아브라 유비아, 뜨라에 빠라구아쓰!

천둥 & 번개

천둥이 치고 있어요.
Está tronando.
에스따 뜨로난도

번개가 쳐요.
Es un rayo.
에쓰 운 라요

천둥이 심하네!
Hay relámpagos.
아이 렐람빠고쓰

밤새 천둥소리가 울렸어요.
Estuvo retumbando toda la noche.
에스뚜보 레뚬반도 또다 라 노체

봄 날씨

\# 날씨가 따뜻해요.

Es un tiempo muy cálido.
에쓰 운 띠엠뽀 무이 깔리도

\# 겨울에서 봄이 되었어요.

El invierno ya ha dado paso a la primavera.
엘 임비에르노 야 아 다도 빠소 아 라 쁘리마베라

\# 봄이 코앞에 다가왔어요.

La primavera está a la vuelta de la esquina.
라 쁘리마베라 에스따 아 라 부엘따 데 라 에스끼나

\# 봄 기운이 완연하네요.
(이제 봄이 왔네요.)

Ya llegó la primavera.
야 예고 라 쁘리마베라

\# 봄 날씨치고는 꽤 춥네요.

Hace bastante frío para ser primavera.
아쎄 바스딴떼 프리오 빠라 쎄르 쁘리마베라

\# 봄에는 날씨가 변화무쌍해요.

El clima es muy cambiante en primavera.
엘 끌리마 에스 무이 깜비안떼 엔 쁘리마베라

여름 날씨

**# 날씨가
정말 덥네요.**

Hace calor.
아쎄 깔로르

Nos vamos a derretir.
노쓰 바모쓰 아 데레띠르

Hace un día de infierno.
아쎄 운 디아 데 임피에르노

 # 푹푹 찌네요!

¡Qué bochorno!
께 보초르노!

**# 덥네! 땀이
멈추질 않네요.**

¡Qué calor!, no dejo de sudar.
께 깔로르! 노 데호 데 쑤다르

**# 진짜 더위는
이제부터예요.**

La estación más cálida aún está por venir.
라 에스따씨온 마쓰 깔리다 아운 에스따 뽀르 베니르

**# 이 시기치고는
너무 덥네요.**

Hace demasiado calor para esta época del año.
아쎄 데마시아도 깔로르 빠라 에스따 에뽀까 델 아뇨

#5월치고는 유난히 덥네요.	**Es inusualmente caluroso para ser mayo.** 에쓰 이누수알멘떼 깔루로소 빠라 쎄르 마요
#오늘이 이번 여름 중 가장 더운 날이래요.	**Hoy es el día más caluroso del verano.** 오이 에쓰 엘 디아 마쓰 깔루로소 델 베라노
#여름에는 더운 날씨가 정상이죠.	**El clima cálido es normal en verano.** 엘 끌리마 깔리도 에쓰 노르말 엔 베라노

장마 & 태풍

#장마철에 접어들었어요.	**La temporada de lluvias ha comenzado.** 라 뗌뽀라다 데 유비아쓰 아 꼬멘싸도
#장마가 끝났어요.	**La temporada de lluvias ha terminado.** 라 뗌뽀라다 데 유비아쓰 아 떼르미나도
#눅눅해요.	**Es húmedo.** 에쓰 우메도

#장마철에는 우산이 필수품이죠.
Es necesario un paraguas en la temporada de lluvias.
에쓰 네쎄사리오 운 빠라구아쓰 엔 라 뗌뽀라다 데 유비아쓰

#태풍이 다가오고 있어요.
El huracán está en camino.
엘 우라깐 에스따 엔 까미노

#오늘 폭풍 주의보가 내렸어요.
Hay un aviso de tormenta para hoy.
아이 운 아비소 데 또르멘따 빠라 오이

#폭풍이 쳐요.
Hay tormenta.
아이 또르멘따

가뭄

#가뭄으로 식물들이 시들어요.
Las plantas se ponen mustias por la sequía.
라쓰 쁠란따쓰 쎄 뽀넨 무스띠아쓰 뽀르 라 쎄끼아

#사상 최악의 가뭄이 될 겁니다.
Sería una sequía sin precedentes.
쎄리아 우나 쎄끼아 씬 쁘레쎄덴떼쓰

#스페인은 비가 적게 옵니다.
En España llueve poco.
엔 에스빠냐 유에베 뽀꼬

#이번 가뭄으로 농작물이 큰 피해를 입었어요.
La actual sequía ha sido muy dura para los cultivos.
라 악뚜알 쎄끼아 아 씨도 무이 두라 빠라 로쓰 꿀띠보쓰

#올여름의 가뭄을 겪고 있습니다.
(올여름의 가뭄 기간을 지나고 있는 중입니다.)
Estamos pasando por un período de sequía este verano.
에스따모쓰 빠산도 뽀르 운 뻬리오도 데 쎄끼아 에스떼 베라노

#오랜 가뭄으로 댐 수위가 낮아지고 있어요.
El nivel del agua en la presa continúa descendiendo debido a la larga sequía.
엘 니벨 델 아구아 엔 라 쁘레사 꼰띠누아 데스쎈디엔도 데비도 아 라 라르가 쎄끼아

홍수

#매년 이 무렵이면 홍수가 나요.
Sufrimos de inundaciones en esta época del año.
쑤프리모쓰 데 이눈다씨오네쓰 엔 에스따 에뽀까 델 아뇨

이 지역은 홍수가 자주 납니다.
En esta zona suele haber inundaciones.
엔 에스따 쏘나 쑤엘레 아베르 이눈다씨오네쓰

홍수로 그 다리가 떠내려갔어요.
El puente fue arrasado por el río crecido.
엘 뿌엔떼 푸에 아라사도 뽀르 엘 리오 끄레씨도

La inundación arrasó el puente.
라 이눈다씨온 아라소 엘 뿌엔떼

홍수 때문에 철도가 파괴되었어요.
La inundación ha destruido la vía del tren.
라 이눈다씨온 아 데스뜨루이도 라 비아 델 뜨렌

작년의 대규모 홍수로 인한 피해는 막대했어요.
Las inundaciones masivas del año pasado destruyeron muchas cosas.
라쓰 이눈다씨오네쓰 마시바쓰 델 아뇨 빠사도 데스뜨루예론 무차쓰 꼬사쓰

가을 날씨

#날씨가 서늘해요.
Hace fresco.
아쎄 프레스꼬

#가을로 접어들었어요.
El otoño se acerca.
엘 오또뇨 쎄 아쎄르까

#가을 기운이 완연합니다.
El otoño está en el aire.
엘 오또뇨 에스따 엔 엘 아이레

#가을은 눈 깜짝할 사이에 지나갔어요.
El otoño ha pasado volando.
엘 오또뇨 아 빠사도 볼란도

#가을이 벌써 지나간 것 같아요.
Parece que el otoño ya se ha ido.
빠레쎄 께 엘 오또뇨 야 쎄 아 이도

#가을은 여행하기에 좋은 계절이죠.
El otoño es una gran estación para viajar.
엘 오또뇨 에쓰 우나 그란 에스따씨온 빠라 비아하르

\# 가을이 되면 식욕이 좋아져요.
Nuestro apetito se incrementa en otoño.
누에스뜨로 아뻬띠또 쎄 잉끄레멘따 엔 오또뇨.

단풍

\# 낙엽이 물들고 있어요.
Las hojas están cambiando de color.
라쓰 오하쓰 에스딴 깜비안도 데 꼴로르

\# 나무는 가을이 되면 낙엽이 져요.
Los árboles pierden sus hojas en otoño.
로쓰 아르볼레쓰 삐에르덴 쑤쓰 오하쓰 엔 오또뇨.

\# 가을이 되면 숲은 갖가지 색으로 물들어요.
El bosque es una masa de color en otoño.
엘 보스께 에쓰 우나 마사 데 꼴로르 엔 오또뇨.

\# 나무가 노랗게 물들기 시작했어요.
Las hojas de los árboles se tornan amarillas.
라쓰 오하쓰 데 로쓰 아르볼레쓰 쎄 또르난 아마리야쓰

\# 산들이 가을의 색을 입었어요.
Las colinas se visten de tonos otoñales.
라쓰 꼴리나쓰 쎄 비스뗀 데 또노쓰 오또냘레쓰

\# 다음 주말에 단풍을 보러 산에 갈 예정이에요.
La próxima semana me voy a ir al campo a ver los árboles en otoño.
라 쁘록씨마 쎄마나 메 보이 아 이르 알 깜뽀 아 베르 로쓰 아르볼레쓰 엔 오또뇨

겨울 날씨

\# 겨울이 다가오는 것 같은데요.
Creo que el invierno está en camino.
끄레오 께 엘 임비에르노 에스따 엔 까미노

\# 날씨가 점점 추워지고 있어요.
Está haciendo más y más frío.
에스따 아씨엔도 마쓰 이 마쓰 프리오

\# 날씨가 아주 많이 추워요.
Hace mucho frío.
아쎄 무초 프리오

\# 뼛속까지 추워요.
Tengo frío hasta en los huesos.
뗑고 프리오 아스따 엔 로쓰 우에소쓰

#올겨울은 유난히 춥네요.

Este invierno es excepcionalmente frío.
에스떼 임비에르노 에쓰 엑쓰쎕씨오날멘떼 프리오

El frío de este invierno no tiene precedentes.
엘 프리오 데 에스떼 임비에르노 노 띠에네 쁘레쎄덴떼쓰

#올겨울은 이상하게 포근하네요.

Este invierno es inusualmente suave.
에스떼 임비에르노 에쓰 이누수알멘떼 쑤아베

#지구 온난화 때문에 겨울 날씨가 점점 따뜻해지고 있어요.

Debido al calentamiento global, el clima es cada vez más y más caliente en invierno.
데비도 알 깔렌따미엔또 글로발, 엘 끌리마 에쓰 까다 베쓰 마쓰 이 마쓰 깔리엔떼 엔 임비에르노

#저는 겨울에 감기에 잘 걸려요.

Soy muy susceptible a los resfriados en invierno.
쏘이 무이 쑤스쎕띠블레 아 로쓰 레스프리아도쓰 엔 임비에르노

Capítulo 2.

눈

\# 서리가 내리고 있어요.
Está helando.
에스따 엘란도

\# 함박눈이 내려요.
Nieva fuertemente.
니에바 푸에르떼멘떼

\# 눈이 펑펑 내리고 있어요.
Nievan grandes copos.
니에반 그란데쓰 꼬뽀쓰

\# 간밤엔 우박이 떨어졌어요.
Anoche granizó.
아노체 그라니쏘

\# 어제 폭설이 내렸어요.
Ayer tuvimos una fuerte nevada.
아예르 뚜비모쓰 우나 푸에르떼 네바다

\# 지난밤 내린 눈으로 길이 얼었습니다.
La carretera está congelada por la nieve de ayer.
라 까레떼라 에스따 꽁헬라다 뽀르 라 니에베 데 아예르

계절

#지금은 딸기가 제철이에요.

Es temporada de fresas.
에쓰 뗌뽀라다 데 프레사쓰

#이맘 때 날씨치고는 매우 덥네요.

Hace mucho calor para esta época del año.
아쎄 무초 깔로르 빠라 에스따 에뽀까 델 아뇨

#저는 더위를 잘 타요.

Soy muy sensible al calor.
쏘이 무이 쎈씨블레 알 깔로르

#설악산은 계절마다 다른 독특한 경관으로 유명해요.

El Monte Seorak dispone de un entorno natural único en cada estación del año.
엘 몬떼 설악 디스뽀네 데 운 엔또르노 나뚜랄 우니꼬 엔 까다 에스따씨온 델 아뇨

#환절기가 되면 나는 예민해져요.

Soy sensible cuando se trata de los cambios de tiempo.
쏘이 쎈시블레 꾸안도 쎄 뜨라따 데 로쓰 깜비오쓰 데 띠엠뽀

Capítulo 2.

겨울에는 일반적으로 감기가 잘 걸립니다.

El invierno es generalmente temporada de gripe.
엘 임비에르노 에쓰 헤네랄멘떼 뗌뽀라다 데 그리뻬

Unidad 7 전화

MP3. C02_U07

전화를 걸 때(일반 상황)

 # David와 통화할 수 있나요?

¿Podría hablar con David, por favor?
뽀드리아 아블라르 꼰 다빋, 뽀르 파보르?

 # Sandra 있어요?

¿Está Sandra?
에스따 싼드라?

 # Nuria와 통화하려고 하는데요.

Me gustaría hablar con Nuria, por favor.
메 구스따리아 아블라르 꼰 누리아, 뽀르 파보르

 # 지금 통화 괜찮으세요?

¿Tiene tiempo para hablar?
띠에네 띠엠뽀 빠라 아블라르?

¿Podría hablar ahora?
뽀드리아 아블라르 아오라?

 # 바쁘신데 제가 전화한 건가요?

¿Es mal momento?
에쓰 말 모멘또?

¿Estoy llamando en mal momento?
에스또이 야만도 엔 말 모멘또?

¿Acaso te pillo en mal momento?
아까소 떼 삐요 엔 말 모멘또?

\# 늦게 전화 드려서 죄송합니다.
Lo siento por llamar tan tarde.
노 씨엔또 뽀르 야마르 딴 따르데

전화를 받을 때(일반 상황)

\# 여보세요.
¿Sí?
씨?

Hola.
올라

\# 네 접니다.
Sí, soy yo.
씨, 쏘이 요

\# 저는 María입니다. 누구신가요?
Soy María. ¿Quién es?
쏘이 마리아. 끼엔 에쓰?

\# 좀 더 크게 말해 줄래요?
¿Podría hablar un poco más fuerte, por favor?
뽀드리아 아블라르 운 뽀꼬 마쓰 푸에르떼, 뽀르 파보르?

\# 좀 작게 말해 줄래요?
¿Podría bajar la voz un poco, por favor?
뽀드리아 바하르 라 보쓰 운 뽀꼬, 뽀르 파보르?

\# 좀 천천히 말씀해 주시겠어요?

¿Podría hablar más despacio, por favor?
뽀드리아 아블라르 마쓰 데스빠씨오, 뽀르 파보르?

\# 죄송하지만 다시 한 번 말씀해 주시겠어요?

Disculpe, ¿podría repetirlo, por favor?
디스꿀뻬, 뽀드리아 레뻬띠를로, 뽀르 파보르?

전화를 바꿔줄 때

\# 잠시만요.

Un momento, por favor.
운 모멘또, 뽀르 파보르

\# 어느 분을 바꿔 드릴까요?

¿Con quién quiere hablar?
꼰 끼엔 끼에레 아블라르?

\# 연결해 드리겠습니다.

Le paso la llamada.
레 빠소 라 야마다

\# 네 전화야.

Es para ti.
에쓰 빠라 띠

Hay una llamada para ti.
아이 우나 야마다 빠라 띠

기다리세요, 바꿔 드릴게요.

Espere un momento, ahora le paso.
에스뻬레 운 모멘또, 아오라 레 빠소

다시 전화한다고 할 때

내가 나중에 전화할게.

Te llamaré luego.
떼 야마레 루에고

제가 다시 전화 드려도 될까요?

¿Le importaría si le llamo más tarde?
레 임뽀르따리아 씨 레 야모 마쓰 따르데?

제가 잠시 후에 다시 전화 드리겠습니다.

Le devolveré la llamada tan pronto como pueda.
레 데볼베레 라 야마다 딴 쁘론또 꼬모 뿌에다

Me pondré en contacto con usted próximamente.
메 뽄드레 엔 꼰딱또 꼰 우스뗃 쁘록씨마멘떼

#10분 후에 다시 전화해 주세요.	Por favor, llame de nuevo en 10 minutos. 뽀르 파보르, 야메 데 누에보 엔 디에쓰 미누또쓰 ¿Podría volver a llamar, 10 minutos más tarde? 뽀드리아 볼베르 아 야마르, 디에쓰 미누또쓰 마쓰 따르데?

전화를 받을 수 없을 때

#통화 중입니다.	La línea está ocupada. 라 리네아 에스따 오꾸빠다
#그는 지금 없는데요.	No está en estos momentos. 노 에스따 엔 에스또쓰 모멘또쓰
#죄송합니다만, 그는 방금 나가셨습니다.	Lo siento, pero (él) acaba de salir. 로 씨엔또, 뻬로 (엘) 아까바 데 쌀리르
#다른 전화가 와서요.	Tengo otra llamada. 뗑고 오뜨라 야마다

#내가 지금 뭐 하는 중이라.

Estoy en medio de una cosa.
에스또이 엔 메디오 데 우나 꼬사

#오래 통화할 수 없어요.

No puedo hablar con usted por mucho tiempo.
노 뿌에도 아블라르 꼰 우스뗀 뽀르 무초 띠엠뽀

#전화 오면 나 없다고 해.

Si alguien llama, no estoy aquí.
씨 알기엔 야마, 노 에스또이 아끼

통화 상태가 안 좋을 때

#전화 연결 상태가 안 좋아요.

La conexión (de la llamada) no es buena.
라 꼬넥씨온 (데 라 야마다) 노 에쓰 부에나

#여기 안테나가 없어요.

No tengo cobertura.
노 뗑고 꼬베르뚜라

#잘 안 들려요.

No le oigo bien.
노 레 오이고 비엔

전화를 우선 끊어 보세요. 제가 다시 전화 드릴게요.
Cuelgue. Le voy a llamar de nuevo.
꾸엘게. 레 보이 아 야마르 데 누에보

전화 메시지

메시지를 남기시겠어요?
¿Quieres dejar un mensaje?
끼에레쓰 데하르 운 멘사헤?

José가 전화했다고 전해 주세요.
Dile que José llamó.
딜레 께 호세 야모

전화하라고 전해 주세요.
Dile que me llame.
딜레 께 메 야메

전화하라고 전해 주시겠어요?
¿Podría decirle que me llame?
뽀드리아 데씨를레 께 메 야메?

1234-5678로 전화하라고 전해 주세요.
Avísele que me llame al 1234-5678.
아비셀레 께 메 야메 알 우노, 도쓰, 뜨레쓰, 꾸아뜨로, 씽꼬, 쎄이쓰, 씨에떼, 오초

잘못 걸려온 전화

#전화 잘못 거셨어요.

Creo que te has equivocado de número.
끄레오 께 떼 아쓰 에끼보까도 데 누메로

#그런 분 안 계십니다.

No hay nadie con ese nombre.
노 아이 나디에 꼰 에세 놈브레

#몇 번에 거셨어요?

¿A qué número ha llamado?
아 께 누메로 아 야마도?

#전화번호를 다시 한 번 확인해 보세요.

Por favor, revise el número otra vez.
뽀르 파보르, 레비세 엘 누메로 오뜨라 베쓰

#제가 전화를 잘못 걸었습니다.

Creo que me he equivocado de número de teléfono.
끄레오 께 메 에 에끼보까도 데 누메로 데 뗄레포노

전화를 끊을 때

몇 번으로 전화 드려야 하죠?
¿A qué número puedo llamar?
아 께 누메로 뿌에도 야마르?

곧 다시 통화하자.
Hablamos pronto.
아블라모쓰 쁘론또

전화해 줘서 고마워요.
Gracias por llamar.
그라시아쓰 뽀르 야마르

그만 끊어야겠어요.
Bueno, me tengo que ir.
부에노, 메 뗑고 께 이르

연락하는 거 잊지 마.
No olvides llamarme.
노 올비데쓰 야마르메

언제든 내게 연락해.
Llámame cuando quieras.
야마메 꾸안도 끼에라쓰

전화 기타

**# 전화 좀
받아 주세요.**

Por favor, coge el teléfono.
뽀르 파보르, 꼬헤 엘 뗄레포노

 # 제가 받을게요.

Voy a coger el teléfono.
보이 아 꼬헤르 엘 뗄레포노

**# 전화를
안 받는데요.**

No lo coge.
노 로 꼬헤

**# 가장 가까운
공중 전화는
어디 있어요?**

¿Me puede decir dónde está el teléfono público más cercano?
메 뿌에데 데씨르 돈데 에스따 엘 뗄레포노 뿌블리꼬 마쓰 쎄르까노?

**# 전화번호부
있어요?**

¿Tiene una guía telefónica?
띠에네 우나 기아 뗄레포니까?

**# 수신자 부담
전화를 걸려고요.**

Me gustaría hacer una llamada a cobro revertido.
메 구스따리아 아쎄르 우나 야마다 아 꼬브로 레베르띠도

장난 전화를 걸지 맙시다!

¡No hagas llamadas de broma!
노 아가쓰 야마다쓰 데 브로마!

Capítulo 2.

Unidad 8 명절 & 기념일

MP3. C02_U08

설날

 # 한국인들은 설날에 떡국을 먹습니다.
Los coreanos comen sopa de arroz en año nuevo.
로쓰 꼬레아노쓰 꼬멘 소빠 데 아로쓰 엔 아뇨 누에보

 # 새해 복 많이 받으세요!
¡Feliz año nuevo!
펠리쓰 아뇨 누에보!

 # 새해에는 행복한 일들만 가득하시길 기원합니다.
Le deseo de corazón que tenga un feliz año nuevo.
레 데세오 데 꼬라쏜 께 뗑가 운 펠리쓰 아뇨 누에보

 # 새해가 다가온다.
El año nuevo se acerca.
엘 아뇨 누에보 쎄 아쎄르까
Pronto será año nuevo.
쁘론또 쎄라 아뇨 누에보

 # 새해에는 우리에게 새로운 희망이 있을 거예요.
El año nuevo nos traerá nuevas esperanzas.
엘 아뇨 누에보 노쓰 뜨라에라 누에바쓰 에스뻬란싸쓰

 # 신년 결심으로 뭘 세웠어?
¿Qué pediste para el año nuevo?
께 뻬디스떼 빠라 엘 아뇨 누에보?

#제 새해 결심은 술을 끊는 거예요.

Mi promesa de año nuevo es mantenerme alejado del alcohol.
미 쁘로메사 데 아뇨 누에보 에쓰 만떼네르메 알레하도 델 알꼬올

주현절

#동방 박사 오신 날을 축하해!

¡Feliz día de Reyes!
펠리쓰 디아 데 레예쓰!

#무슨 선물을 달라고 빌었니?
(아이에게)

¿Qué regalo has pedido a los Reyes Magos?
께 레갈로 아쓰 뻬디도 아 로쓰 레예쓰 마고쓰?

#이번 주현절엔 200유로 이상은 쓰지 않을거야.

No voy a gastar más de 200 euros en Reyes Magos.
노 보이 아 가스따르 마쓰 데 도쓰씨엔또쓰 에우로쓰 엔 레예쓰 마고쓰

#Roscón de reyes는 먹었니?

¿Has comido roscón de reyes?
아쓰 꼬미도 로스꼰 데 레예쓰?

추석

#추석은 음력
8월 15일이에요.

Chuseok es el dia 15 de agosto según el calendario lunar.
추석 에쓰 엘 디아 낀쎄 데 아고스또 쎄군 엘 깔렌다리오 루나르

#추석이란 '한국의
추수감사절'이라고
할 수 있습니다.

Podemos decir que el Chuseok es "el Día de Acción de Gracias".
뽀데모쓰 데씨르 께 엘 추석 에쓰 '엘 디아 데 악씨온 데 그라씨아쓰'

#추석에
한국인들은
성묘하러 간다.

Los coreanos visitan sus tumbas familiares en Chuseok.
로쓰 꼬레아노쓰 비시딴 쑤쓰 뚬바쓰 파밀리아레쓰 엔 추석

#추석 때 가족들을
만나러 갈 거니?

¿Vas a visitar a tu familia en Chuseok?
바쓰 아 비시따르 아 뚜 파밀리아 엔 추석?

#한국인들은
추석에 송편을
먹어요.

Los coreanos comen Songpyun en Chuseok.
로쓰 꼬레아노쓰 꼬멘 송편 엔 추석

\# 우리는 추석날 밤에 보름달을 보며 소원을 빌 예정이야.

Vamos a ver la luna en la noche de Chuseok y pidamos algún deseo.
바모쓰 아 베르 라 루나 엔 라 노체 데 추석 이 삐다모쓰 알군 데세오

크리스마스

\# 어린이들은 크리스마스에 선물을 기대합니다.

Los niños esperan los regalos para Navidad.
로쓰 니뇨쓰 에스뻬란 로쓰 레갈로쓰 빠라 나비닫

\# 크리스마스가 가깝다.

La Navidad está cerca.
라 나비닫 에스따 쎄르까

La Navidad está a la vuelta de la esquina.
라 나비닫 에스따 아 라 부엘따 데 라 에스끼나

\# 우리는 나무를 장식하고 선물을 보내며 크리스마스를 축하했다.

Celebramos la Navidad con los árboles y los regalos.
쎌레브라모쓰 라 나비닫 꼰 로쓰 아르볼레쓰 이 로쓰 레갈로쓰

우리는 크리스마스를 위해 집을 꾸몄다.

Decoramos nuestra casa para las fiestas.
데꼬라모쓰 누에스뜨라 까사 빠라 라쓰 피에스따쓰

크리스마스는 가족들과 함께 보낼 예정이다.

Voy a quedar con mi familia en Navidad.
보이 아 께다르 꼰 미 파밀리아 엔 나비닫

크리스마스 트리를 만들자.

Vamos a montar el árbol de Navidad.
바모쓰 아 몬따르 엘 아르볼 데 나비닫

친구들에게 줄 크리스마스 카드를 쓰고 있어요.

Estoy escribiendo varias postales de Navidad para mis amigos.
에스또이 에스끄리비엔도 바리아쓰 뽀스딸레쓰 데 나비닫 빠라 미쓰 아미고쓰

나는 크리스마스 선물로 새 구두를 받고 싶다.

Lo que quiero para Navidad son unos zapatos nuevos.
로 께 끼에로 빠라 나비닫 쏜 우노쓰 싸빠또쓰 누에보쓰

올해 크리스마스는 목요일이네.

En este año la Navidad cae en jueves.
엔 에스떼 아뇨 라 나비닫 까에 엔 후에베쓰

#크리스마스에 보통 뭐 해?	¿Qué sueles hacer en Navidad? 께 쑤엘레쓰 아쎄르 엔 나비닫?
#크리스마스 선물은 꼭 사야 한다고 생각해요.	Creo que hay que comprar los regalos de Navidad. 끄레오 께 아이 께 꼼쁘라르 로쓰 레갈로쓰 데 나비닫
#제발 크리스마스 선물로 뭐 준비했는지 말해줘.	Por favor, dime qué me has comprado para Navidad. 뽀르 파보르, 디메 께 메 아쓰 꼼쁘라도 빠라 나비닫

부활절

#부활절을 위해 우리는 torrija를 준비했다.	Hemos preparado las torrijas para Semana Santa. 에모쓰 쁘레빠라도 라쓰 또리하쓰 빠라 쎄마나 싼따
#부활절이 다가오고 있어.	La Semana Santa está cerca. 라 쎄마나 싼따 에스따 쎄르까
#부활절을 축하합시다!	¡Felices Pascuas! 펠리쎄쓰 빠스꾸아쓰!

#부활절 주간은 3월과 4월 사이입니다. 이 기간 중 한 일요일이 부활절입니다.

Las fechas de Semana Santa varían entre marzo y abril. El día de Pascua es uno de los domingos de dichas fechas.
라쓰 페차쓰 데 쎄마나 싼따 바리안 엔뜨레 마르쏘 이 아브릴. 엘 디아 데 빠스꾸아 에쓰 우노 데 로쓰 도밍고쓰 데 디차쓰 페차쓰

#부활절 연휴에는 많은 사람들이 여행을 떠납니다.

En Semana Santa, mucha gente se va de viaje.
엔 쎄마나 싼따, 무차 헨떼 쎄 바 데 비아헤

#스페인에서 부활절 퍼레이드가 가장 유명한 곳은 세비야이다.

El lugar más famoso para las procesiones de Semana Santa en España, es la ciudad de Sevilla.
엘 루가르 마쓰 파모소 빠라 라쓰 쁘로쎄시오네쓰 데 쎄마나 싼따 엔 에스빠냐, 에쓰 라 씨우닫 데 쎄비야

#부활절을 위해 저녁 식사 준비 중이야.

Estoy preparando la cena de Semana Santa.
에스또이 쁘레빠란도 라 쎄나 데 쎄마나 싼따

생일

#오늘이 바로 내 생일이야!
¡Hoy es mi cumpleaños!
오이 에쓰 미 꿈쁠레아뇨쓰!

#내일이 Sara 생일인 거 알고 있어?
¿Sabes que mañana es el cumpleaños de Sara?
싸베쓰 께 마냐나 에쓰 엘 꿈쁠레아뇨쓰 데 싸라?

#오늘이 내 생일인 거 어떻게 알았어?
¿Cómo sabías que hoy era mi cumpleaños?
꼬모 싸비아쓰 께 오이 에라 미 꿈쁠레아뇨쓰?

#하마터면 여자친구의 생일을 잊어버릴 뻔했다.
Casi olvido el cumpleaños de mi novia.
까씨 올비도 엘 꿈쁠레아뇨쓰 데 미 노비아

#네 생일을 잊어버려서 미안해.
Lo siento, me perdí tu cumpleaños.
로 씨엔또, 메 뻬르디 뚜 꿈쁠레아뇨쓰

#우리는 생일이 같은 날이에요.
Nuestro cumpleaños es el mismo día.
누에스뜨로 꿈쁠레아뇨쓰 에쓰 엘 미스모 디아

Capítulo 2.

#내 생일이
일주일 남았다.

Solo queda una semana hasta mi cumpleaños.
쏠로 께다 우나 쎄마나 아스따 미 꿈쁠레아뇨쓰

#이번 생일로 나는
스물다섯 살이
된다.

Tendré 25 años tras este cumpleaños.
뗀드레 베인띠씽꼬 아뇨쓰 뜨라쓰 에스떼 꿈쁠레아뇨쓰

#제 생일 파티를
위해 예약하려고
하는데요.

Me gustaría hacer una reserva para mi fiesta de cumpleaños.
메 구스따리아 아쎄르 우나 레세르바 빠라 미 피에스따 데 꿈쁠레아뇨쓰

#Sara를 위해
'생일 축하' 노래를
불러요.

Cantemos "feliz cumpleaños" para Sara.
깐떼모쓰 '펠리쓰 꿈쁠레아뇨쓰' 빠라 싸라

#그가 오기 전에
생일 선물을
숨겨 둬!

¡Esconded su regalo antes de que llegue!
에스꼰델 쑤 레갈로 안떼쓰 데 께 예게!

#생일 선물로
네가 원하는 걸
사렴.

Puedes comprar lo que quieras como regalo de cumpleaños.
뿌에데쓰 꼼쁘라르 로 께 끼에라쓰 꼬모 레갈로 데 꿈쁠레아뇨쓰

우리는 돈을 조금씩 내서 Jorge의 선물을 샀다.

Todos nosotros contribuimos y compramos un regalo para Jorge.
또도쓰 노소뜨로쓰 꼰뜨리부이모쓰 이 꼼쁘라모쓰 운 레갈로 빠라 호르헤

축하

생일 축하합니다!

¡Feliz cumpleaños!
펠리쓰 꿈쁠레아뇨쓰!

(결혼) 축하합니다! 행복하길 바랍니다.

¡Felicidades! Les deseo a los dos que sean muy felices.
펠리씨다데쓰! 레쓰 데세오 아 로쓰 도쓰 께 쎄안 무이 펠리쎄쓰

축하합니다!
(어떤 상황에서든 축하할 때)

¡Felicidades!
펠리씨다데쓰!

¡Muchas felicidades!
무차쓰 펠리씨다데쓰!

성공을 빌어요.

Espero que lo consiga.
에스뻬로 께 로 꼰시가

Capítulo 2.

\# 행운을 빌어요!

¡Le deseo la mayor de las suertes!
레 데세오 라 마요르 데 라쓰 쑤에르떼쓰!

\# (너에게 좋은 일이 생겨) 나도 정말 기쁘다.

Me alegro por ti.
메 알레그로 뽀르 띠

\# 고맙습니다. 운이 좋았던 것 같아요.

Gracias. Creo que tuve suerte.
그라씨아쓰. 끄레오 께 뚜베 쑤에르떼

Capítulo 2.

Capítulo 3
여행

스페인으로 여행을 갈까?
지도를 펴 놓고 고민하다 보면,
마음은 벌써 바다를 건너고 있습니다.
스페인 여행, 그 출발부터 문제없도록 도와줄
표현들과 함께 즐거운 여행 하세요!

Unidad 1   출발 전
Unidad 2   공항에서
Unidad 3   기내에서
Unidad 4   기차에서
Unidad 5   숙박
Unidad 6   관광
Unidad 7   교통

Words

□ **avión** 아비온
m. 비행기

□ **aeropuerto** 아에로뿌에르또
m. 공항

□ **pasaporte** 빠사뽀르떼
m. 여권

□ **billete de avión** 비예데 데 아비온 항공권

□ **asiento** 아씨엔또
m. 좌석

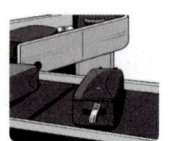

□ **equipaje** 에끼빠헤
m. 짐, 수하물

□ **piloto** 삘로또
m.f. 조종사, 파일럿

□ **azafato(a)** 아싸파또(따)
m.f. 승무원

- tren 뜨렌
  m. 기차

- metro 메뜨로
  m. 지하철, 전철

- taxi 딱씨
  m. 택시

- bicicleta 비씨끌레따
  = bici 비씨
  f. 자전거

- reservar 레세르바르
  v. 예약하다

- anular 아눌라르
  = cancelar 깐쎌라르
  v. 취소하다

- alojamiento 알로하미엔또 **m.**
  = hospedaje 오스뻬다헤 **m.**
  숙소, 숙박 시설

- tarifa 따리파
  f. 가격, 요금

Capítulo 3.

Unidad 1 출발 전

MP3. C03_U01

교통편 예약

\# 목적지가 어디입니까?
¿Cuál es su destino?
꾸알 에쓰 쑤 데스띠노?

\# 언제 떠날 예정인가요?
¿Cuándo quiere salir?
꾸안도 끼에레 쌀리르?

\# 편도 티켓인가요 왕복 티켓인가요?
¿Es un billete solo de ida o de ida y vuelta?
에쓰 운 비예떼 쏠로 데 이다 오 데 이다 이 부엘따?

\# 뉴욕으로 가는 비행기를 예약하고 싶은데요.
Me gustaría reservar un vuelo a Nueva York.
메 구스따리아 레세르바르 운 부엘로 아 누에바 요크

\# 바르셀로나에서 마드리드로 가는 열차를 예약하고 싶은데요.
Quiero reservar un asiento de tren de Barcelona a Madrid.
끼에로 레세르바르 운 아씨엔또 데 뜨렌 데 바르쎌로나 아 마드릳

\# 얼마입니까?
¿Cuánto cuesta?
꾸안또 꾸에스따?
¿Cuánto vale?
꾸안또 발레?

\# 마드리드에서 그라나다까지 얼마나 걸립니까?

¿Cuánto tiempo se tarda de Madrid a Granada?
꾸안또 띠엠뽀 쎄 따르다 데 마드릳 아 그라나다?

예약 확인 & 변경

\# 예약을 재확인하고 싶은데요.

Quiero confirmar mi reserva.
끼에로 꼼피르마르 미 레세르바

\# 성함과 비행편을 말씀해 주시겠어요?

¿Me puede decir su nombre y número de vuelo?
메 뿌에데 데씨르 쑤 놈브레 이 누메로 데 부엘로?

\# 예약 번호를 알려 주시겠습니까?

¿Podría decirme su número de reserva?
뽀드리아 데씨르메 쑤 누메로 데 레세르바?

\# 12월 1일 서울행 704편입니다. 제 예약 번호는 123456입니다.

Mi vuelo es el 704 a Seúl del próximo 1 de diciembre y mi número de reserva es 123456.
미 부엘로 에쓰 엘 쎄떼씨엔또쓰 꾸아뜨로 아 쎄울 델 쁘록씨모 우노 데 디씨엠브레 이 미 누메로 데 레세르바 에쓰 우노 도쓰 뜨레쓰 꾸아뜨로 씽꼬 쎄이쓰

Capítulo 3.

4월 1일의 예약을 4월 10일로 바꾸고 싶습니다.

Me gustaría cambiar mi reserva del 1 de abril por el día 10 de abril, por favor.
메 구스따리아 깜비아르 미 레세르바 델 우노 데 아브릴 뽀르 엘 디아 디에쓰 데 아브릴, 뽀르 파보르.

여권

새 여권을 신청하려 하는데요.

Me gustaría solicitar un nuevo pasaporte.
메 구스따리아 쏠리씨따르 운 누에보 빠사뽀르떼.

어디에서 여권을 발급받을 수 있나요?

¿Dónde puedo expedir el pasaporte?
돈데 뿌에도 엑쓰뻬디르 엘 빠사뽀르떼?

여권을 만드는 데 얼마나 걸리나요?

¿Cuánto tiempo se tarda en expedir el pasaporte?
꾸안또 띠엠뽀 쎄 따르다 엔 엑쓰뻬디르 엘 빠사뽀르떼?

여권을 발급하려면 무엇을 준비해야 하나요?

¿Qué documentación debo preparar para que me puedan expedir un pasaporte?
께 도꾸멘따씨온 데보 쁘레빠라르 빠라 께 메 뿌에단 엑쓰뻬디르 운 빠사뽀르떼?

제 여권은 금년 말로 만기가 됩니다.

Mi pasaporte expira a finales de año.
미 빠사뽀르떼 엑쓰뻬라 아 피날레쓰 데 아뇨

여권이 곧 만기되기 때문에 갱신해야 해요.

Tengo que renovar mi pasaporte, porque está a punto de caducar.
뗑고 께 레노바르 미 빠사뽀르떼, 뽀르께 에스따 아 뿐또 데 까두까르

비자

스페인 비자를 신청하고 싶습니다.

Quiero solicitar un visado para ir a España.
끼에로 쏠리씨따르 운 비사도 빠라 이르 아 에스빠냐

비자 연장을 신청하고 싶은데요.
Me gustaría solicitar una extensión del visado.
메 구스따리아 쏠리씨따르 우나 엑쓰뗀시온 델 비사도

비자 발급은 얼마나 걸리죠?
¿Cuánto tiempo se tarda en expedir un visado?
꾸안또 띠엠뽀 쎄 따르다 엔 엑쓰뻬디르 운 비사도?

비자 발급이 허가되었는지 알고 싶은데요.
Me gustaría saber si la autorización para mi visado ha llegado ya o no.
메 구스따리아 싸베르 씨 라 아우또리싸씨온 빠라 미 비사도 아 예가도 야 오 노

한국인들은 스페인에서는 3개월 간 무비자로 머무를 수 있습니다.
Los coreanos pueden permanecer en España hasta 3 meses sin visado.
로쓰 꼬레아노쓰 뿌에덴 뻬르마네쎄르 엔 에스빠냐 아스따 뜨레쓰 메세쓰 씬 비사도

만기 전에 비자를 갱신하세요.
Por favor, renueve su visado antes de que caduque.
뽀르 파보르, 레누에베 쑤 비사도 안떼쓰 데 께 까두께

무슨 비자를 가지고 계십니까?

¿Qué tipo de visado tiene?
께 띠뽀 데 비사도 띠에네?

Capítulo 3.

Unidad 2 공항에서

MP3. C03_U02

공항 이용

늦어도 출발 한 시간 전에는 탑승 수속을 해 주세요.

Por favor, embarque al menos 1 hora antes de la hora de salida.
뽀르 파보르, 엠바르께 알 메노쓰 우나 오라 안떼쓰 데 라 오라 데 쌀리다

탑승 수속을 위해 출발 두 시간 전까지는 공항에 도착해야 합니다.

Debe llegar al aeropuerto al menos 2 horas antes de su vuelo para embarcar.
데베 예가르 알 아에로뿌에르또 알 메노쓰 도쓰 오라쓰 안떼쓰 데 쑤 부엘로 빠라 엠바르까르

부치실 짐이 있습니까?

¿Tiene algún equipaje que desee facturar?
띠에네 알군 에끼빠헤 께 데세에 팍뚜라르?

파리로 가는 연결편을 타야 하는데요.

Tengo que coger el vuelo de conexión a París.
뗑고 께 꼬헤르 엘 부엘로 데 꼬넥씨온 아 빠리쓰

국제선 터미널은 어디인가요?

¿Dónde está la terminal internacional?
돈데 에스따 라 떼르미날 인떼르나씨오날?

#비행기가 연착해서 연결편을 놓쳤어요.

Perdí el vuelo de conexión porque mi vuelo inicial se retrasó.
뻬르디 엘 부엘로 데 꼬넥씨온 뽀르께 미 부엘로 이니씨알 쎄 레뜨라소

#다음 편에 탑승하시도록 해 드릴게요.

Le pondré en el siguiente vuelo.
레 뽄드레 엔 엘 씨기엔떼 부엘로

티켓팅

#'대한항공' 카운터는 어디입니까?

¿Dónde está la ventanilla de "Korean Air"?
돈데 에스따 라 벤따니야 데 '꼬레안 에어'?

#다음 창구로 가십시오.

Puede pasar a la siguiente ventanilla.
뿌에데 빠사르 아 라 씨기엔떼 벤따니야

#인터넷으로 비행기를 예약했습니다.

Reservé un vuelo por internet.
레세르베 운 부엘로 뽀르 인떼르넷

#금연석으로 주세요.	**Un asiento para no fumadores, por favor.** 운 아씨엔또 빠라 노 푸마도레쓰, 뽀르 파보르
#창가 쪽 좌석을 부탁합니다.	**Quisiera un asiento con ventanilla, por favor.** 끼씨에라 운 아씨엔또 꼰 벤따니야, 뽀르 파보르
#체크인은 몇 시입니까?	**¿A qué hora empieza el check-in?** 아 께 오라 엠삐에싸 엘 체낀?
#서울행 KAL은 몇 번 게이트입니까?	**¿Cuál es el número de puerta de embarque del vuelo de "Korean Air" a Seúl?** 꾸알 에쓰 엘 누메로 데 뿌에르따 데 엠바르께 델 부엘로 데 '꼬레안 에어' 아 쎄울?

보딩

#탑승 수속은 언제 합니까?	**¿A qué hora comienza el embarque?** 아 께 오라 꼬미엔싸 엘 엠바르께?

어느 출입구로 가면 됩니까?

¿A qué puerta tengo que ir?
아 께 뿌에르따 뗑고 께 이르?

곧 탑승을 시작하겠습니다.

Vamos a empezar el embarque en breve.
바모쓰 아 엠뻬싸르 엘 엠바르께 엔 브레베

탑승권을 보여 주시겠습니까?

¿Puedo ver su tarjeta de embarque, por favor?
뿌에도 베르 쑤 따르헤따 데 엠바르께, 뽀르 파보르?

대한항공 702편을 이용하시는 모든 승객 여러분께서는 12번 탑승구에서 탑승 수속을 하시기 바랍니다.

Todos los pasajeros que utilizan KE 702, por favor, embarquen por la puerta 12.
또도쓰 로쓰 빠사헤로쓰 께 우띨리싼 까에 쎄떼씨엔또쓰 도쓰, 뽀르 파보르, 엠바르껜 뽀르 라 뿌에르따 도쎄

오전 10시에 출발하는 605편기 탑승구가 B29으로 변경되었습니다.

Vuelo 605, con salida a las 10 de la mañana, ha tenido un cambio de puerta de embarque. La nueva es la B29.
부엘로 쎄이스씨엔또쓰 씽꼬, 꼰 쌀리다 아 라쓰 디에쓰 데 라 마냐나, 아 떼니도 운 깜비오 데 뿌에르따 데 엠바르께. 라 누에바 에쓰 라 베 베인띠누에베

Capítulo 3.

187

세관

 # 세관 신고서를 작성해 주세요.

Por favor, rellene la hoja de declaración de aduanas.
뽀르 파보르, 레예네 라 오하 데 데끌라라씨온 데 아두아나쓰

 # 세관 신고서를 보여 주시겠어요?

¿Puedo ver su hoja de declaración de aduanas?
뿌에도 베르 쑤 오하 데 데끌라라씨온 데 아두아나쓰?

 # 신고하실 물품이 있습니까?

¿Algo que declarar?
알고 께 데끌라라르?

¿Tiene algo que declarar?
띠에네 알고 께 데끌라라르?

¿Qué tiene que declarar?
께 띠에네 께 데끌라라르?

 # 신고할 것은 없습니다.

No tengo nada para declarar.
노 뗑고 나다 빠라 데끌라라르

 # 가방을 테이블 위에 올려 주세요.

Por favor, ponga sus bolsas encima de la mesa.
뽀르 파보르, 뽕가 쑤쓰 볼사쓰 엔씨마 데 라 메사

# 이것은 제가 사용하는 거예요.	Es para uso personal. 에쓰 빠라 우소 뻬르소날
# 액체류는 반입할 수 없습니다.	No se puede llevar líquidos. 노 쎄 뿌에데 예바르 리끼도쓰

면세점 이용

# 면세점은 어디 있어요?	¿Dónde están las tiendas duty free? 돈데 에스딴 라쓰 띠엔다쓰 두띠 프리?
# 면세점에서 쇼핑할 시간이 있을까요?	¿Tendremos tiempo para hacer algunas compras en el duty free? 뗀드레모쓰 띠엠뽀 빠라 아쎄르 알구나쓰 꼼쁘라쓰 엔 엘 두띠 프리?
# 면세점에서는 훨씬 쌀 거예요.	Probablemente será más barato en la tienda duty free. 쁘로바블레멘떼 쎄라 마쓰 바라또 엔 라 띠엔다 두띠 프리

Capítulo 3.

여행자 수표도 받습니까?

¿Acepta cheques de viaje?
악쎕따 체께쓰 데 비아헤?

네, 신분증을 보여주시겠어요?

Sí. ¿Me puede enseñar su identificación?
씨. 메 뿌에데 엔세냐르 쑤 이덴띠피까씨온?

출국 심사

여권을 보여 주시겠어요?

¿Puedo ver su pasaporte, por favor?
뿌에도 베르 쑤 빠사뽀르떼, 뽀르 파보르?

출국 신고서를 주시겠어요?

¿Puede entregar su formulario de declaración de salida?
뿌에데 엔뜨레가르 쑤 포르물라리오 데 데끌라라씨온 데 쌀리다?

출국 신고서 작성법을 알려 주시겠어요?

¿Me puede explicar cómo completar el formulario de declaración de salida?
메 뿌에데 엑쓰쁠리까르 꼬모 꼼쁠레따르 엘 포르물라리오 데 데끌라라씨온 데 쌀리다?

# 어디까지 가십니까?	¿A dónde va? 아 돈데 바? ¿Cuál es su destino? 꾸알 에쓰 쑤 데스띠노?
# 산티아고의 '까미노'를 걷는 중입니다.	Estoy haciendo el Camino de Santiago. 에스또이 아씨엔도 엘 까미노 데 싼띠아고
# 언제 돌아오십니까?	¿Cuándo va a volver? 꾸안도 바 아 볼베르?
# 일행이 있습니까?	¿Va alguien con usted? 바 알기엔 꼰 우스뗃?
# 상사와 함께 갑니다.	Voy con mi jefe. 보이 꼰 미 헤페

Capítulo 3.

입국 심사

#여권과 입국 신고서를 보여 주시겠어요?

¿Puedo ver su pasaporte y el formulario de declaración de llegada, por favor?
뿌에도 베르 쑤 빠사뽀르떼 이 엘 포르물라리오 데 데끌라라씨온 데 예가다, 뽀르 파보르?

#국적은 어디입니까?

¿De dónde es?
데 돈데 에쓰?

¿Cuál es su nacionalidad?
꾸알 에쓰 쑤 나씨오날리닫?

#방문 목적은 무엇입니까?

¿Cuál es el motivo de su visita?
꾸알 에쓰 엘 모띠보 데 쑤 비시따?

#관광차 왔습니다.

Estoy aquí solo para hacer turismo.
에스또이 아끼 쏠로 빠라 아쎄르 뚜리스모

#출장차 왔습니다.

Estoy por viaje de negocios.
에스또이 뽀르 비아헤 데 네고씨오쓰

Estoy aquí por trabajo.
에스또이 아끼 뽀르 뜨라바호

\# 친척들을 만나러 왔어요.
Estoy aquí para visitar a unos parientes.
에스또이 아끼 빠라 비시따르 아 우노쓰 빠리엔떼쓰

\# 돌아갈 항공권을 갖고 있습니까?
¿Tiene el billete de vuelta?
띠에네 엘 비예떼 데 부엘따?

\# 첫 방문입니까?
¿Es su primera visita?
에쓰 쑤 쁘리메라 비시따?

짐을 찾을 때

\# 제 짐을 찾으려면 어디로 가야 하나요?
¿Dónde puedo recoger mi equipaje?
돈데 뿌에도 레꼬헤르 미 에끼빠헤?

\# 수하물계로 가십시오.
Puede dirigirse al mostrador de equipajes.
뿌에데 디리히르세 알 모스뜨라도르 데 에끼빠헤쓰

\# 제 짐이 보이지 않아요.
Mi equipaje no está aquí.
미 에끼빠헤 노 에스따 아끼

No encuentro mi maleta.
노 엥꾸엔뜨로 미 말레따

Capítulo 3.

제 짐이 어디 있는지 확인해 주시겠어요?

¿Podría comprobar el registro para ver dónde está mi equipaje?
뽀드리아 꼼쁘로바르 엘 레히스뜨로 빠라 베르 돈데 에스따 미 에끼빠헤?

제 짐이 파손됐어요.

Mi equipaje está dañado.
미 에끼빠헤 에스따 다냐도

제 짐이 아직 도착하지 않았어요.

Mi equipaje todavía no ha llegado.
미 에끼빠헤 또다비아 노 아 예가도

마중

공항에 누가 저를 마중 나올 예정입니까?

¿Quién vendrá a recogerme al aeropuerto?
끼엔 벤드라 아 레꼬헤르메 알 아에로뿌에르또?

공항에 마중 나와 주시겠습니까?

¿Podría venir a por mí al aeropuerto?
뽀드리아 베니르 아 뽀르 미 알 아에로뿌에르또?

| # 공항에 누구 좀 마중 나오게 해 주시겠어요? | ¿Podría gestionar que alguien me recoja en el aeropuerto?
뽀드리아 헤스띠오나르 께 알기엔 메 레꼬하 엔 엘 아에로뿌에르또? |

| # 우리를 마중 나와 줘서 고마워요. | Gracias por venir a por nosotros.
그라씨아쓰 뽀르 베니르 아 뽀르 노소뜨로쓰 |

| # 당신을 마중하도록 차를 예약해 놓을게요. | Voy a gestionar que un coche lo recoja en el aeropuerto.
보이 아 헤스띠오나르 께 운 꼬체 로 레꼬하 엔 엘 아에로뿌에르또 |

| # 내가 공항에 마중하러 나갈게. | Iría yo a recogerte.
이리아 요 아 레꼬헤르떼

Te recogeré en el aeropuerto.
떼 레꼬헤레 엔 엘 아에로뿌에르또 |

공항 기타

| # 런던을 경유해서 갑니다. | Realizo el transbordo en Londres.
레알리쏘 엘 뜨란스보르도 엔 론드레쓰 |

| # 이 비행기는 파리 경유 빌바오행이에요. | Es un avión a Bilbao vía París.
에쓰 운 아비온 아 빌바오 비아 빠리쓰 |

마드리드를 경유하도록 노선을 정해 주세요.

Preferiría hacer el transbordo en Madrid.
쁘레페리리아 아쎄르 엘 뜨란스보르도 엔 마드릳

나는 그리스를 경유하여 유럽을 여행할 거야.

Voy a viajar a Europa entrando por Grecia.
보이 아 비아하르 아 에우로빠 엔뜨란도 뽀르 그레씨아

이 비행기는 마드리드로 직항합니다.

Este avión está haciendo un vuelo directo a Madrid.
에스떼 아비온 에스따 아씨엔도 운 부엘로 디렉또 아 마드릳

제가 탈 비행기는 로마 직항입니까?

¿Mi vuelo es directo a Roma?
미 부엘로 에쓰 디렉또 아 로마?

Unidad 3 기내에서   MP3. C03_U03

기내 좌석 찾기 & 이륙 준비

\# 탑승권을 보여 주시겠습니까?

¿Puedo ver su tarjeta de embarque, por favor?
뿌에도 베르 쑤 따르헤따 데 엠바르께, 뽀르 파보르?

¿Podría mostrarme su tarjeta de embarque?
뽀드리아 모스뜨라르메 쑤 따르헤따 데 엠바르께?

\# 좌석을 안내해 드릴까요?

¿Puedo ayudarle a encontrar su asiento?
뿌에도 아유다를레 아 엥꼰뜨라르 쑤 아씨엔또?

\# 이쪽입니다. 손님 좌석은 바로 저쪽입니다.

Vaya allí, por favor. Su asiento está un poco más lejos.
바야 아지, 뽀르 파보르. 쑤 아씨엔또 에쓰따 운 뽀꼬 마쓰 레호쓰

\# 제 짐을 캐비넷 위에 올리도록 도와주시겠습니까?

¿Podría ayudarme a subir mi maleta al portaequipajes?
뽀드리아 아유다르메 아 쑤비르 미 말레따 알 뽀르따에끼빠헤쓰?

\# 제 가방을 의자 밑에 두어도 되나요?

¿Puedo dejar mi bolsa debajo del asiento?
뿌에도 데하르 미 볼사 데바호 델 아씨엔또?

Capítulo 3.

잠시 후에 이륙합니다.

Despegaremos en breve.
데스뻬가레모쓰 엔 브레베

안전벨트를 매 주십시오.

Abróchese el cinturón de seguridad.
아브로체세 엘 씬뚜론 데 쎄구리닫

기내

잡지나 읽을거리를 좀 주시겠어요?

¿Puede dejarme una revista o algo para leer?
뿌에데 데하르메 우나 레비스따 오 알고 빠라 레에르?

담요와 베개를 주시겠습니까?

¿Podría dejarme una manta y una almohada, por favor?
뽀드리아 데하르메 우나 만따 이 우나 알모하다, 뽀르 파보르?

실례합니다. 저랑 자리를 바꿔 주실 수 있습니까?

Discúlpeme. ¿Le importaría cambiar el asiento conmigo?
디스꿀뻬메. 레 임뽀르따리아 깜비아르 엘 아씨엔또 꼰미고?

비행 시간은 얼마나 걸립니까?

¿Cuánto tiempo dura el vuelo?
꾸안또 띠엠뽀 두라 엘 부엘로?

\# 서울과 마드리드의 시차는 얼마입니까?

¿Cuántas horas hay de diferencia entre Seúl y Madrid?
꾸안따쓰 오라쓰 아이 데 디페렌씨아 엔뜨레 쎄울 이 마드릳?

\# 비행기가 완전히 멈출 때까지 좌석에서 기다려 주세요.

Por favor, permanezcan en su asiento hasta que el avión se haya detenido por completo.
뽀르 파보르, 뻬르마네쓰깐 엔 쑤 아씨엔또 아스따 께 엘 아비온 쎄 아야 데떼니도 뽀르 꼼쁠레또

기내식

\# 음료수는 무엇으로 하시겠습니까?

¿Qué le gustaría tomar?
께 레 구스따리아 또마르?

\# 음료수를 좀 주시겠습니까?

¿Podría traerme algo de beber, por favor?
뽀드리아 뜨라에르메 알고 데 베베르, 뽀르 파보르?

식사는 소고기와 생선 중 무엇으로 하시겠습니까?

¿Preferiría comer carne o pescado para la cena?
쁘레페리리아 꼬메르 까르네 오 뻬스까도 빠라 라 쎄나?

¿Qué prefiere cenar, carne o pescado?
께 쁘레피에레 쎄날, 까르네 오 뻬스까도?

소고기로 할게요.

Carne, por favor.
까르네, 뽀르 파보르

Prefiero carne.
쁘레피에로 까르네

커피는 됐습니다.

No quiero café.
노 끼에로 까페

물 한 컵 주시겠어요?

¿Podría traerme agua, por favor?
뽀드리아 뜨라에르메 아구아, 뽀르 파보르?

테이블을 치워 드릴까요?

¿Puedo limpiar la mesa?
뿌에도 림삐아르 라 메사?

Unidad 4 기차에서　　　　　MP3. C03_U04

기차표 구입

론다행 기차표를 하나 구매하고 싶습니다.
Quiero comprar un billete para ir a Ronda.
끼에로 꼼쁘라르 운 비예떼 빠라 이르 아 론다

리스본행 가장 빠른 시간의 열차가 몇 시에 있나요?
¿A qué hora es el tren más rápido para ir a Lisboa?
아 께 오라 에쓰 엘 뜨렌 마쓰 라삐도 빠라 이르 아 리스보아?

바르셀로나행 열차표 어른 2장, 아이 1장 주세요.
Quiero dos billetes de adulto y uno de niño para Barcelona.
끼에로 도쓰 비예떼쓰 데 아둘또 이 우노 데 니뇨 빠라 바르쎌로나

편도로 가장 싼 티켓은 얼마입니까?
¿Cuál es la tarifa más económica para ir?
꾸알 에쓰 라 따리파 마쓰 에꼬노미까 빠라 이르?

편도 요금은 60유로이고, 왕복 요금은 90유로입니다.
Cuestan 60 euros los billetes de ida y 90 los de ida y vuelta.
꾸에스딴 쎄센따 에우로쓰 로쓰 비예떼쓰 데 이다 이 노벤따 로쓰 데 이다 이 부엘따

그럼 왕복 표로 주세요.
Entonces dame un billete de ida y vuelta, por favor.
엔똔쎄쓰 다메 운 비예떼 데 이다 이 부엘따, 뽀르 파보르

Capítulo 3.

201

기차 타기

\# 마드리드행 기차는 어디에서 타나요?
¿Dónde puedo coger el tren para ir a Madrid?
돈데 뿌에도 꼬헤르 엘 뜨렌 빠라 이르 아 마드릳?

\# 기차 안에 짐을 따로 보관할 수 있는 곳이 있나요?
¿Hay algún sitio para guardar mi maleta en el tren?
아이 알군 씨띠오 빠라 구아르다르 미 말레따 엔 엘 뜨렌?

\# 이 기차가 그라나다로 가는 게 맞나요?
Este tren va a Granada, ¿verdad?
에스떼 뜨렌 바 아 그라나다, 베르닫?

\# 기차는 몇 시에 떠나나요?
¿A qué hora sale el tren?
아 께 오라 쌀레 엘 뜨렌?

\# 기차 안에 화장실이 있나요?
¿Habrá baño en el tren?
아브라 바뇨 엔 엘 뜨렌?

\# 빌바오행 기차는 몇 번 플랫폼인가요?
¿Cuál es el número de andén para coger el tren a Bilbao?
꾸알 에쓰 엘 누메로 데 안덴 빠라 꼬헤르 엘 뜨렌 아 빌바오?

기차에 자전거를 가지고 탈 수 있나요?

¿Puedo subir al tren con la bicicleta?
뿌에도 쑤비르 알 뜨렌 꼰 라 비씨끌레따?

자전거를 가지고 탈 수 있지만, 움직이지 않게 잘 묶어 두셔야 합니다.

Puede subir la bicicleta al tren, pero hay que atarla bien para que no se mueva.
뿌에데 쑤비르 라 비씨끌레따 알 뜨렌, 뻬로 아이 께 아따를라 비엔 빠라 께 노 쎄 무에바

객차에서

제 티켓 좀 봐 주시겠어요? 어디에 앉으면 되죠?

¿Puede mirar mi billete? ¿Dónde tengo que sentarme?
뿌에데 미라르 미 비예떼? 돈데 뗑고 께 쎈따르메?

화장실이 어디인가요?

¿Dónde está el aseo?
돈데 에스따 엘 아세오?

제 짐 좀 봐 주시겠어요? 화장실을 다녀오려고요.

¿Podría echar un vistazo a mi maleta? Quiero ir al baño.
뽀드리아 에차르 운 비스따쏘 아 미 말레따? 끼에로 이르 알 바뇨

#옆 좌석이 비어 있는 좌석인가요? 제가 앉아도 될까요?
(좌석이 차 있나요? 제가 앉아도 될까요?)

¿Está ocupado? ¿Puedo sentarme aquí?
에스따 오꾸빠도? 뿌에도 쎈따르메 아끼?

#이 좌석은 차 있지 않습니다만, 제 친구가 올 예정이에요.

No está ocupado, pero vendrá mi amigo.
노 에스따 오꾸빠도, 뻬로 벤드라 미 아미고

목적지 내리기

#다음 역이 바르셀로나가 맞나요?

¿La siguiente estación es Barcelona?
라 씨기엔떼 에스따씨온 에쓰 바르쎌로나?

#다음 역은 어디인가요?

¿Cuál es la siguiente estación?
꾸알 에쓰 라 씨기엔떼 에스따씨온?

#다음 역은 이 열차의 종착역입니다. 모두 내리시길 바랍니다.

La siguiente estación es la última. Deben bajar todos.
라 씨기엔떼 에스따씨온 에쓰 라 울띠마. 데벤 바하르 또도쓰

승객 여러분들은 두고 내리시는 짐이 없는지 잘 살펴보시길 바랍니다.
(열차에서 내리실 때 모든 소지품을 챙기는 것을 잊지 마세요.)

No olviden recoger todas sus pertenencias al salir del tren.
노 올비덴 레꼬헤르 또다쓰 쑤쓰 뻬르떼넨씨아쓰 알 쌀리르 델 뜨렌

죄송합니다만 짐을 열차에 두고 내렸습니다.

Disculpe, pero me he dejado mi maleta en el tren.
디스꿀뻬, 뻬로 메 에 데하도 미 말레따 엔 엘 뜨렌

이 역은 열차와 승강장 사이의 거리가 넓습니다. 내리실 때 주의하시길 바랍니다.

Esta estación tiene un hueco entre el tren y el andén, por favor tenga cuidado.
에스따 에스따씨온 띠에네 운 우에꼬 엔뜨레 엘 뜨렌 이 엘 안덴, 뽀르 빠보르 뗑가 꾸이다도

Unidad 5 숙박　　　　MP3. C03_U05

숙박 시설 예약

#예약을 하고 싶습니다.

Me gustaría hacer una reserva.
메 구스따리아 아쎄르 우나 레세르바

Me gustaría reservar una habitación.
메 구스따리아 레세르바르 우나 아비따씨온

#다음 주에 2박을 예약하고 싶습니다.

Me gustaría hacer una reserva para dos noches la semana que viene.
메 구스따리아 아쎄르 우나 레세르바 빠라 도쓰 노체쓰 라 쎄마나 께 비에네

#죄송합니다, 방이 만실입니다.

Lo siento, señor. Estamos llenos.
로 씨엔또, 쎄뇨르. 에스따모쓰 예노쓰

Lo lamento, pero estamos llenos.
로 라멘또, 뻬로 에스따모쓰 예노쓰

어떤 방을 원하십니까?
¿Qué tipo de habitación quiere?
께 띠뽀 데 아비따씨온 끼에레?

욕실이 있는 싱글 룸으로 부탁합니다.
Quiero una habitación individual con baño.
끼에로 우나 아비따씨온 인디비두알 꼰 바뇨

바다가 보이는 방으로 부탁합니다.
Me gustaría tener una habitación con vistas al mar.
메 구스따리아 떼네르 우나 아비따씨온 꼰 비스따쓰 알 마르

싱글 룸이 있습니까?
¿Tiene una habitación individual disponible?
띠에네 우나 아비따씨온 인디비두알 디스뽀니블레?

Quisiera una habitación individual, por favor.
끼시에라 우나 아비따씨온 인디비두알, 뽀르 파보르

며칠 묵으실 겁니까?
¿Para cuántas noches?
빠라 꾸안따쓰 노체쓰?

Capítulo 3.

3박 하고 일요일 오전에 체크아웃하려고 합니다.

Me gustaría quedarme 3 noches y saldríamos el domingo por la mañana.
메 구스따리아 께다르메 뜨레쓰 노체쓰 이 쌀드리아모쓰 엘 도밍고 뽀르 라 마냐나

숙박비는 얼마입니까?

¿Cuál es la tarifa para esta habitación?
꾸알 에쓰 라 따리파 빠라 에스따 아비따씨온?

조식이 포함되었나요?

¿Esta tarifa incluye el desayuno?
에스따 따리파 인끌루예 엘 데사유노?

좀 더 싼 방이 있나요?

¿Tiene algo más barato?
띠에네 알고 마쓰 바라또?

오늘 밤 묵을 방이 있습니까?

¿Hay alguna habitación disponible para esta noche?
아이 알구나 아비따씨온 디스뽀니블레 빠라 에스따 노체?

체크인

 # 체크인을 부탁합니다.

Me gustaría hacer la entrada ahora.
메 구스따리아 아쎄르 라 엔뜨라다 아오라

 # 지금 체크인할 수 있습니까?

¿Puedo hacer la entrada ahora?
뿌에도 아쎄르 라 엔뜨라다 아오라?

 # 체크인은 몇 시부터입니까?

¿A partir de qué hora podemos hacer el check-in?
아 빠르띠르 데 께 오라 뽀데모쓰 아쎄르 엘 체낀?

 # 예약은 하셨습니까?

¿Tiene hecha una reserva?
띠에네 에차 우나 레세르바?

 # 싱글 룸을 예약한 Sara입니다.

Mi nombre es Sara, tengo una reserva para una habitación individual.
미 놈브레 에쓰 싸라, 뗑고 우나 레세르바 빠라 우나 아비따씨온 인디비두알

Capítulo 3.

209

#방을 바꾸고 싶습니다.	Me gustaría cambiar de habitación. 메 구스따리아 깜비아르 데 아비따씨온
#짐 좀 들어주실 수 있나요?	¿Podría ayudarme con mi maleta, por favor? 뽀드리아 아유다르메 꼰 미 말레따, 뽀르 파보르?

체크아웃

#체크아웃 부탁합니다.	Quiero hacer la salida ahora, por favor. 끼에로 아쎄르 라 쌀리다 아오라, 뽀르 파보르 Me gustaría hacer el check-out ahora. 메 구스따리아 아쎄르 엘 체까웃 아오라
#몇 시까지 체크아웃해야 합니까?	¿Hasta qué hora es el check-out? 아스따 께 오라 에쓰 엘 체까웃?

10시에 체크아웃하려고 합니다.

Voy a salir a las 10.
보이 아 쌀리르 아 라쓰 디에쓰

Querría hacer el check-out a las 10.
께리아 아쎄르 엘 체까웃 아 라쓰 디에쓰

이 항목은 무슨 요금입니까?

¿Qué es este cargo que hay en mi cuenta?
께 에쓰 에스떼 까르고 께 아이 엔 미 꾸엔따?

저는 룸 서비스를 시키지 않았는데요.

Nunca pedí ningún servicio de habitación.
눙까 뻬디 닝군 쎄르비씨오 데 아비따씨온

(명세서에서) 이 부분이 잘못된 것 같은데요.

Creo que hay un error aquí.
끄레오 께 아이 운 에로르 아끼

짐을 로비로 내려 주세요.

Por favor, deje mi equipaje en el vestíbulo.
뽀르 파보르, 데헤 미 에끼빠헤 엔 엘 베스띠불로

Capítulo 3.

부대 서비스 이용

세탁을 부탁할 수 있습니까?
¿Puedo pedir un servicio de lavandería?
뿌에도 뻬디르 운 쎄르비씨오 데 라반데리아?

언제쯤 되나요?
¿Cuándo estará listo?
꾸안도 에스따라 리스또?

¿Cuánto tiempo tardará?
꾸안또 띠엠뽀 따르다라?

귀중품을 보관할 수 있습니까?
¿Podría dejar algunos de mis objetos de valor en la caja fuerte?
뽀드리아 데하르 알구노쓰 데 미쓰 옵헥또쓰 데 발로르 엔 라 까하 푸에르떼?

6시에 모닝콜을 해 주세요.
Me gustaría que me llamarán a las 6 para despertarme, por favor.
메 구스따리아 께 메 야마란 아 라쓰 쎄이쓰 빠라 데스뻬르따르메, 뽀르 파보르

¿Pueden llamarme a las 6 para despertarme?
뿌에덴 야마르메 아 라쓰 쎄이쓰 빠라 데스뻬르따르메?

#제게 메시지 온 것이 있습니까?	¿Hay algún mensaje para mí? 아이 알군 멘사헤 빠라 미? ¿Tiene algún mensaje para mí? 띠에네 알군 멘사헤 빠라 미?
#방 열쇠를 보관해 주시겠어요?	¿Podría guardar mi llave de la habitación? 뽀드리아 구아르다르 미 야베 데 라 아비따씨온?
#이 짐을 비행기 시간까지 맡아 주세요.	Por favor, guárdenme el equipaje hasta que vaya a mi vuelo. 뽀르 파보르, 구아르덴메 엘 에끼빠헤 아스따 께 바야 아 미 부엘로

숙박 시설 컴플레인

#열쇠를 방에 두고 왔습니다.	Me dejé la llave en la habitación. 메 데헤 라 야베 엔 라 아비따씨온

방이 너무 춥습니다.
방 온도를 높여 주실 수 있나요?

La habitación es muy fría, ¿podría subir la temperatura de ella?
라 아비따씨온 에쓰 무이 프리아, 뽀드리아 쑤비르 라 뗌뻬라뚜라 데 에야?

뜨거운 물이 나오지 않는데요.

No sale agua caliente.
노 쌀레 아구아 깔리엔떼

변기가 막혔어요.

El váter no funciona.
엘 바떼르 노 푼씨오나

방이 청소되어 있지 않아요.

Mi habitación no está limpia.
미 아비따씨온 노 에스따 림삐아

지금 점검해 주시겠어요?

¿Podría comprobarlo ahora, por favor?
뽀드리아 꼼쁘로바를로 아오라, 뽀르 파보르?

옆방이 너무 시끄러운데요.

Los huéspedes de la habitación de al lado son demasiado ruidosos.
로쓰 우에스뻬데쓰 데 라 아비따씨온 데 알 라도 쏜 데마시아도 루이도소쓰

방이 엘리베이터에 너무 가까이 있는데, 바꿀 수 있을까요?

Mi habitación está demasiado cerca del ascensor. ¿Podría cambiármela?
미 아비따씨온 에스따 데마시아도 쎄르까 델 아스쎈소르. 뽀드리아 깜비아르멜라?

Unidad 6 관광

관광 안내소

#관광 안내소는 어디에 있나요?
¿Dónde está la oficina de turismo?
돈데 에스따 라 오피씨나 데 뚜리스모?

#이 도시의 관광 안내서를 주시겠어요?
¿Tiene un folleto turístico de esta ciudad?
띠에네 운 포예또 뚜리스띠꼬 데 에스따 씨우닫?

#이 도시의 지도를 한 장 부탁합니다.
¿Puede darme un mapa de la ciudad?
뿌에데 다르메 운 마빠 데 라 씨우닫?

#부근에 가볼 만한 명소를 추천해 주시겠어요?
¿Me puede recomendar algunos lugares interesantes que haya por aquí?
메 뿌에데 레꼬멘다르 알구노쓰 루가레쓰 인떼레산떼쓰 께 아야 뽀르 아끼?

#이 지역의 호텔 정보를 알고 싶은데요.
Necesito información sobre los hoteles locales.
네쎄시또 임포르마씨온 쏘브레 로쓰 오뗄레쓰 로깔레쓰

값싸고 괜찮은 호텔 하나 추천해 주시겠어요?

¿Puede recomendarme un hotel barato y agradable?
뿌에데 레꼬멘다르메 운 오뗄 바라또 이 아그라다블레?

투어

투어 프로그램에는 어떤 것이 있나요?

¿Qué tipo de tours tiene?
께 띠뽀 데 뚤쓰 띠에네?

당일 투어가 있습니까?

¿Tiene programas de visita por un día?
띠에네 쁘로그라마쓰 데 비시따 뽀르 운 디아?

몇 시에 어디에서 출발합니까?

¿A qué hora y dónde sale?
아 께 오라 이 돈데 쌀레?

몇 시간이나 걸리나요?

¿Cuánto tiempo se tarda?
꾸안또 띠엠뽀 쎄 따르다?

몇 시에 돌아올 수 있나요?

¿A qué hora vamos a volver?
아 께 오라 바모쓰 아 볼베르?

¿A qué hora volveremos?
아 께 오라 볼베레모쓰?

# 요금은 1인당 얼마인가요?	¿Cuánto cuesta por persona? 꾸안또 꾸에스따 뽀르 뻬르소나? ¿Cuál es la tarifa por persona? 꾸알 에쓰 라 따리파 뽀르 뻬르소나?
# 야경을 위한 관광이 있나요?	¿Hay algún programa de visita nocturna? 아이 알군 쁘로그라마 데 비시따 녹뚜르나?

입장권을 살 때

# 티켓은 어디서 살 수 있나요?	¿Dónde puedo comprar la entrada? 돈데 뿌에도 꼼쁘라르 라 엔뜨라다?
# 입장료는 얼마인가요?	¿Cuánto cuesta la entrada? 꾸안또 꾸에스따 라 엔뜨라다?
# 어른 두 장이랑 어린이 한 장 주세요.	Dos adultos y un niño, por favor. 도쓰 아둘또쓰 이 운 니뇨, 뽀르 파보르
# 1시 공연의 좌석이 있나요?	¿Hay entradas disponibles a la 1? 아이 엔뜨라다쓰 디스뽀니블레쓰 아 라 우나?

단체 할인이 되나요?
¿Tienen descuento por grupo?
띠에넨 데스꾸엔또 뽀르 그루뽀?

단체 할인 요금을 적용 받으려면 몇 명이 필요한가요?
¿Cuántas personas necesitamos ser para que se aplique el precio de grupo?
꾸안따쓰 뻬르소나쓰 네쎄시따모쓰 쎄르 빠라 께 쎄 아쁠리께 엘 쁘레씨오 데 그루뽀?

20명 이상의 단체는 20%의 할인을 받을 수 있습니다.
Los grupos de 20 o más reciben un descuento del 20%.
로쓰 그루뽀쓰 데 베인떼 오 마쓰 레씨벤 운 데스꾸엔또 델 베인떼 뽀르 씨엔또

투우 관람 시

가장 싼 좌석은 얼마인가요?
¿Cuánto cuesta la entrada más barata?
꾸안또 꾸에스따 라 엔뜨라다 마쓰 바라따?

가장 가까운 좌석의 표들이 남아있나요?
¿Todavía quedan entradas cercanas al ruedo?
또다비아 께단 엔뜨라다쓰 쎄르까나쓰 알 루에도?

\#태양을 피해서 가장 저렴한 표 2장을 사고 싶습니다.
Me gustaría comprar dos entradas donde no dé el sol.
메 구스따리아 꼼쁘라르 도쓰 엔뜨라다쓰 돈데 노 데 엘 쏠

\#어느 구역이 가장 좋은 구역인가요?
¿Cuál es mejor tendido?
꾸알 에쓰 메호르 뗀디도?

\#방석 하나 주시겠어요?
¿Me puede dar una almohadilla, por favor?
메 뿌에데 다르 우나 알모아디야, 뽀르 파보르?

\#표를 보여 주시겠어요?
¿Me enseña su entrada, por favor?
메 엔세냐 쑤 엔뜨라다, 뽀르 파보르?

축구 관람 시

\#2장 연석 티켓을 사고 싶습니다.
Me gustaría comprar dos entradas consecutivas.
메 구스따리아 꼼쁘라르 도쓰 엔뜨라다쓰 꼰세꾸띠바쓰

\#2장 붙어 있는 좌석은 없나요?
¿Tiene dos entradas consecutivas?
띠에네 도쓰 엔뜨라다쓰 꼰세꾸띠바쓰?

| # 원정 팀 티켓을 사고 싶습니다. | Quiero comprar entradas para zona de visitantes.
끼에로 꼼쁘라르 엔뜨라다쓰 빠라 쏘나 데 비시딴떼쓰 |

| # 제 표 좀 봐 주시겠습니까? 자리가 어디인지 모르겠군요. | ¿Podría mirar mi entrada? No sé dónde está mi asiento.
뽀드리아 미라르 미 엔뜨라다? 노 쎄 돈데 에스따 미 아시엔또 |

| # 응원팀 구역 근처에 앉고 싶은데요. | Me quiero sentar cerca de los ultras.
메 끼에로 쎈따르 쎄르까 데 로쓰 울뜨라쓰 |

관람

| # 정말 아름다운 곳이네요! | ¡Qué lugar tan hermoso!
께 루가르 딴 에르모소! |

| # 전망이 환상적이에요! | ¡Qué vista tan fantástica!
께 비스따 딴 판따스띠까! |

| # 관람 시간은 몇 시까지인가요? (몇 시에 닫나요?) | ¿A qué hora cierra?
아 께 오라 씨에라? |

# 이 시설은 7세 미만의 어린이만 이용 가능합니다.	Se supone que es solo para los niños menores de 7 años. 쎄 쑤뽀네 께 에쓰 쏠로 빠라 로쓰 니뇨쓰 메노레쓰 데 씨에떼 아뇨쓰
# 내부를 둘러 봐도 될까요?	¿Puedo echar un vistazo por dentro? 뿌에도 에차르 운 비스따쏘 뽀르 덴뜨로?
# 기념품 가게는 어디 있나요?	¿Dónde está la tienda de recuerdos? 돈데 에스따 라 띠엔다 데 레꾸에르도쓰? ¿Dónde puedo comprar un recuerdo? 돈데 뿌에도 꼼쁘라르 운 레꾸에르도?
# 출구는 어디인가요?	¿Dónde está la salida? 돈데 에스따 라 쌀리다?

길 묻기

# 프라도 미술관으로 가려면 어느 쪽으로 가야 하나요?	¿Por qué calle voy para llegar al museo Prado? 뽀르 께 까예 보이 빠라 예가르 알 무세오 쁘라도?

사그라다 파밀리아로 가려면 이 길이 맞습니까?
¿Es este el camino correcto para ir a La Sagrada Familia?
에쓰 에스떼 엘 까미노 꼬렉또 빠라 이르 아 라 사그라다 파밀리아?

여기에서 박물관까지는 얼마나 멉니까?
¿A qué distancia se encuentra el museo?
아 께 디스딴씨아 쎄 엥꾸엔뜨라 엘 무세오?

역까지 가는 길을 가르쳐 주세요.
Por favor, dígame el camino a la estación.
뽀르 파보르, 디가메 엘 까미노 아 라 에스따씨온

¿Cómo puedo llegar a la estación?
꼬모 뿌에도 예가르 아 라 에스따씨온?

곧장 가셔서 두 번째 모퉁이에서 우회전 하세요.
Siga recto y gire a la derecha en la segunda curva.
씨가 렉또 이 히레 아 라 데레차 엔 라 세군다 꾸르바

근처에 지하철역이 있습니까?
¿Hay una estación de metro cerca de aquí?
아이 우나 에스따씨온 데 메뜨로 쎄르까 데 아끼?

좀 먼데요. 버스를 타셔야 할 거예요.
Está lejos de aquí. Debe coger un autobús.
에스따 레호쓰 데 아끼. 데베 꼬헤르 운 아우또부쓰

여기에서 멀어요?
¿Está lejos de aquí?
에스따 레호쓰 데 아끼?

걸어갈 수 있나요?
¿Puedo ir andando hasta allí?
뿌에도 이르 안단도 아스따 아지?

걸어서 몇 분이나 걸리나요?
¿Cuánto tiempo se tarda a pie?
꾸안또 띠엠뽀 쎄 따르다 아 삐에?

걸어서 5분이면 됩니다.
Está a solo 5 minutos a pie.
에스따 아 쏠로 씽꼬 미누또쓰 아 삐에

지금 제가 있는 곳이 무슨 길인가요?
¿En qué calle estoy ahora?
엔 께 까예 에스또이 아오라?

이 지도에서 제가 있는 곳이 어디인가요?
¿Puede indicarme dónde estamos en este mapa?
뿌에데 인디까르메 돈데 에스따모쓰 엔 에스떼 마빠?

Unidad 7 교통

기차

\# 유레일 패스 사용 가능한가요?
¿Puedo usar Pases Eurail?
뿌에도 우사르 빠세쓰 에우레일?

\# 스페인에서 포르투갈까지 가는 직행열차가 있나요?
¿Hay algún tren que vaya directo de España a Portugal?
아이 운 뜨렌 께 바야 디렉또 데 에스빠냐 아 뽀르뚜갈?

\# 열차의 배차 간격은 어떻게 되나요?
¿Con qué frecuencia pasa el tren?
꼰 께 프레꾸엔씨아 빠사 엘 뜨렌?
¿Sabe con qué frecuencia pasan los trenes?
싸베 꼰 께 프레꾸엔씨아 빠산 로쓰 뜨레네쓰?

\# 30분 간격으로 다닙니다.
Cada 30 minutos.
까다 뜨레인따 미누또쓰

\# 말라가행 열차는 몇 시에 출발합니까?
¿A qué hora sale el tren a Málaga?
아 께 오라 쌀레 엘 뜨렌 아 말라가?

열차가 30분 연착됐습니다.
Nuestro tren llegó con 30 minutos de retraso.
누에스뜨로 뜨렌 예고 꼰 뜨레인따 미누또쓰 데 레뜨라소

지하철

매표소는 어디입니까?
¿Dónde está la taquilla?
돈데 에스따 라 따끼야?

지하철 노선도를 받을 수 있을까요?
¿Puede darme un mapa del metro?
뿌에데 다르메 운 마빠 델 메뜨로?
Un mapa del metro, por favor.
운 마빠 델 메뜨로, 뽀르 파보르

어디에서 갈아타야 하나요?
¿Dónde debería realizar el transbordo?
돈데 데베리아 레알리싸르 엘 뜨란스보르도?
¿Dónde debo cambiar de línea?
돈데 데보 깜비아르 데 리네아?

2호선으로 갈아타셔야 합니다.

Tiene que cambiar a la línea 2.
띠에네 께 깜비아르 아 라 리네아 도쓰

요금은 얼마입니까?

¿Cuánto cuesta?
꾸안또 꾸에스따?

시청으로 나가는 출구가 어디인가요?

¿Dónde está la salida al ayuntamiento?
돈데 에스따 라 쌀리다 알 아윤따미엔또?

이 도시의 지하철은 몇 호선까지 있나요?

¿Cuántas líneas de metro hay en esta ciudad?
꾸안따쓰 리네아쓰 데 메뜨로 아이 엔 에스따 씨우닫?

버스

가까운 버스 정류장은 어디인가요?

¿Dónde está la parada de autobús más cercana?
돈데 에스따 라 빠라다 데 아우또부쓰 마쓰 쎄르까나?

이 버스가 공항으로 가나요?

¿Este autobús va al aeropuerto?
에스떼 아우또부쓰 바 알 아에로뿌에르또?

# 어디에서 내려야 하는지 알려 주시겠어요?	¿Podría decirme dónde me tengo que bajar? 뽀드리아 데씨르메 돈데 메 뗑고 께 바하르?
# 버스가 끊겼어요.	No hay autobuses a esta hora de la noche. 노 아이 아우또부세쓰 아 에스따 오라 데 라 노체
# 이 자리 비어 있습니까? (이 자리가 사용 중입니까?)	¿Está ocupado? 에스따 오꾸빠도?
# 여기에서 내리겠습니다.	Bajo aquí. 바호 아끼

택시

# 택시를 불러 주시겠어요?	¿Podría llamar a un taxi, por favor? 뽀드리아 야마르 아 운 딱씨, 뽀르 파보르? Me gustaría pedir un taxi. 메 구스따리아 뻬디르 운 딱씨

어디로 가십니까?

¿Dónde le gustaría ir?
돈데 레 구스따리아 이르?

공항으로 가 주세요.

¿Me puede llevar al aeropuerto?
메 뿌에데 예바르 알 아에로뿌에르또?

Al aeropuerto, por favor.
알 아에로뿌에르또, 뽀르 파보르

이 주소로 가 주세요.

Lléveme a esta dirección, por favor.
예베메 아 에스따 디렉씨온, 뽀르 파보르

A esta dirección, por favor.
아 에스따 디렉씨온, 뽀르 파보르

빨리 가 주세요.

¿Podría ir más rápido, por favor?
뽀드리아 이르 마쓰 라비또, 뽀르 파보르?

저 모퉁이에 내려 주세요.

Deténgase en la esquina, por favor.
데뗑가세 엔 라 에스끼나, 뽀르 파보르

#다 왔습니다.
(이곳이 당신의
역입니다.)

Esta es su parada.
에스따 엔 쑤 빠라다

선박

#1등칸으로
한 장 주세요.

Una entrada de primera clase, por favor.
우나 엔뜨라다 데 쁘리메라 끌라세, 뽀르 파보르

#저는 배를 탈
때마다 배멀미를
합니다.

Me mareo cuando me meto en un barco.
메 마레오 꾸안도 메 메또 엔 운 바르꼬

#승선 시간은
몇 시입니까?

¿A qué hora embarcamos?
아 께 오라 엠바르까모쓰?

#다음 기항지는
어디입니까?

¿Cuál es el próximo puerto en el que atracará?
꾸알 에쓰 엘 쁘록씨모 뿌에르또 엔 엘 께 아뜨라까라?

#이제 곧
입항합니다.

Pronto estaremos en puerto.
쁘론또 에스따레모쓰 엔 뿌에르또

Capítulo 3.

Capítulo 4
장소

쇼핑, 병원, 은행, 주유소, 영화관 등에서
필요한 표현들이 정리가 안 된다고요?
장소별로 모아 둔 표현들을
제대로 찾아서 제대로 말해 볼까요!
어떤 곳에 가든 이젠 자신감 충만!

Unidad 1	옷 가게		Unidad 7	서점
Unidad 2	병원 & 약국		Unidad 8	도서관 & 미술관 & 박물관
Unidad 3	은행 & 우체국		Unidad 9	놀이동산 & 헬스클럽
Unidad 4	미용실		Unidad 10	영화관 & 공연장
Unidad 5	세탁소		Unidad 11	술집 & 클럽
Unidad 6	렌터카 & 주유소		Unidad 12	파티

Words

☐ **tienda** 띠엔다
f. 가게, 상점

☐ **ropa** 로빠
f. 옷

☐ **hospital** 오스삐딸
m. 병원

☐ **farmacia** 파르마씨아
f. 약국

☐ **banco** 방꼬
m. 은행

☐ **cambio de divisa**
깜비오 데 디비사 환전

☐ **peluquería** 뻴루께리아
f. 미용실

☐ **gasolinera** 가솔리네라
f. 주유소

☐ **tintorería** 띤또레리아
f. 세탁소

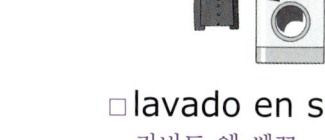

☐ **lavado en seco**
라바도 엔 쎄꼬
드라이클리닝

☐ **librería** 리브레리아
f. 서점

☐ **libro** 리브로
m. 책

☐ **biblioteca** 비브리오떼까
f. 도서관

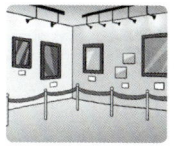

☐ **museo** 무세오
m. 박물관; 미술관

☐ **cine** 씨네
m. 영화관

☐ **película** 뻴리꿀라
f. 영화

Unidad 1 옷 가게

MP3. C04_U01

쇼핑

#같이 쇼핑하러 가지 않을래?	¿Por qué no vamos de compras juntos? 뽀르 께 노 바모쓰 데 꼼쁘라쓰 훈또쓰? ¿Quieres ir de compras conmigo? 끼에레쓰 이르 데 꼼쁘라쓰 꼰미고?
#나는 쇼핑 중독이야.	Soy un(a) adicto(a) a las compras. 쏘이 운(우나) 아딕또(따) 아 라쓰 꼼쁘라쓰
#나는 인터넷 쇼핑을 많이 해.	Hago muchas compras por internet. 아고 무차쓰 꼼쁘라쓰 뽀르 인떼르넷
#쇼핑을 할 만한 괜찮은 곳은 어디니?	¿Dónde hay un buen lugar para ir de compras? 돈데 아이 운 부엔 루가르 빠라 이르 데 꼼쁘라쓰?
#스페인은 1년에 두 번 큰 세일 기간이 있다.	En España hay grandes rebajas dos veces al año. 엔 에스빠냐 아이 그란데쓰 레바하쓰 도쓰 베쎄쓰 알 아뇨

#충동구매를 하지 않으려면 쇼핑 리스트를 만들어야 해.

Debe hacer una lista de compra para no comprar nada impulsivamente.
데베 아쎄르 우나 리스따 데 꼼쁘라 빠라 노 꼼쁘라르 나다 임뿔시바멘떼

쇼핑몰

#쇼핑몰에 가면 다양한 가게에서 쇼핑을 할 수 있어.

Podemos comprar en diferentes tiendas en el centro comercial.
뽀데모쓰 꼼쁘라르 엔 디페렌떼쓰 띠엔다쓰 엔 엘 쎈뜨로 꼬메르씨알

#쇼핑몰에서 쇼핑하면 시간을 절약할 수 있어.

Ir de compras al centro comercial nos hace ahorrar tiempo.
이르 데 꼼쁘라쓰 알 쎈뜨로 꼬메르씨알 노쓰 아쎄 아오라르 띠엠뽀

#쇼핑몰에서 시간을 보냈어요.

Solo estaba pasando el rato en el centro comercial.
쏠로 에스따바 빠산도 엘 라또 엔 엘 쎈뜨로 꼬메르씨알

\# 저는 친구들과 어울려 쇼핑몰에 가는 것을 좋아해요.
Me gusta ir con mis amigos al centro comercial.
메 구스따 이르 꼰 미쓰 아미고쓰 알 쎈뜨로 꼬메르씨알

\# 난 완전히 지쳤다고! 벌써 두 시간째 끌고 다녔잖아.
¡Estoy totalmente agotado(a)! Me has arrastrado contigo más de dos horas sin parar.
에스또이 또딸멘떼 아고따도(다)! 메 아쓰 아라스뜨라도 꼰띠고 마쓰 데 도쓰 오라쓰 씬 빠라르

옷 가게

\# 찾으시는 물건이 있나요? (무엇을 도와드릴까요?)
¿Le puedo ayudar?
레 뿌에도 아유다르?

\# 그냥 좀 둘러보는 중이에요.
Solo estoy mirando.
쏠로 에스또이 미란도

\# 지금 유행하는 스타일은 어떤 건가요?
¿Qué estilos son los más populares ahora?
께 에스띨로쓰 쏜 로쓰 마쓰 뽀뿔라레쓰 아오라?

이건 유행이 지난 것 같은데요.
Esto parece lo opuesto a estar a la moda.
에스또 빠레쎄 로 오뿌에스또 아 에스따르 아 라 모다

좀 입어 봐도 될까요?
¿Puedo probármelo?
뿌에도 쁘로바르멜로?

당연하죠.
Por supuesto.
뽀르 쑤뿌에스또

Claro que sí.
끌라로 께 씨

피팅룸은 어디인가요?
¿Dónde está el probador?
돈데 에스따 엘 쁘로바도르?

옷 구입 조건

사이즈가 어떻게 되십니까?
¿Qué talla quiere?
께 따야 끼에레?

M 사이즈는 저한테 안 맞아요. L 사이즈가 맞을 것 같아요.
Talla M no me quedan. Creo que debería probarme la talla L.
따야 에메 노 메 께단. 끄레오 께 데베리아 쁘로바르메 라 따야 엘레

\# 더 큰 사이즈로 있나요?
¿Tiene una talla más grande?
띠에네 우나 따야 마쓰 그란데?

\# 그렇게 꽉 끼는 옷은 감당할 수 없어요.
No me sienta bien este tipo de ropa ajustada.
노 메 씨엔따 비엔 에스떼 띠뽀 데 로빠 아후스따다

\# 이 셔츠 다른 색상은 없나요?
¿Tiene esta camisa en otro color?
띠에네 에스따 까미사 엔 오뜨로 꼴로르?

\# 이 셔츠는 노출이 너무 심한데요.
(이 셔츠는 상상할 수 없게 하는데.)
Esta camisa no deja nada a la imaginación.
에스따 까미사 노 데하 나다 아 라 이마히나씨온

옷 구입 결정

\# 잘 어울려.
(너한테 딱인데.)
Te queda muy bien.
떼 께다 무이 비엔

\# 이게 바로 내가 찾던 거야.
Esto es justo lo que estoy buscando.
에스또 에쓰 후스또 로 께 에스또이 부스깐도

\# (나는) 이걸
사야겠어.

Voy a comprarlo.
보이 아 꼼쁘라를로
Me llevo esto.
메 예보 에스또

\# 가격이
적당하네요.
그걸로 할게요.

El precio no está mal. Me lo llevo.
엘 쁘레씨오 노 에스따 말. 메 로 예보

\# 몇 군데
더 둘러보고
결정하겠어요.

Voy a mirar unos cuantos lugares como este y luego decidir.
보이 아 미라르 우노쓰 꾸안또쓰 루가레쓰 꼬모 에스떼 이 루에고 데씨디르

\# (아마도) 다음에요.

Tal vez la próxima vez.
딸 베쓰 라 쁘록씨마 베쓰

할인 기간

\# 지금 세일
중입니까?

¿Está rebajado?
에스따 레바하도?

여름 세일이 이미 시작되었습니다.
Ya han empezado las rebajas de verano.
야 안 엠뻬싸도 라쓰 레바하쓰 데 베라노

겨울 세일은 일반적으로 1월 7일부터 시작합니다.
Las rebajas de invierno comienzan, por lo general, el 7 de enero.
라쓰 레바하쓰 데 임비에르노 꼬미엔싼, 뽀르 로 헤네랄, 엘 씨에떼 데 에네로

(우리는) 재고 정리 세일 중입니다.
Estamos realizando estas ventas debido a la próxima liquidación.
에스따모쓰 레알리싼도 에스따쓰 벤따쓰 데비도 아 라 쁘록씨마 리끼다씨온

세일은 언제 시작하나요?
¿Cuándo empiezan las rebajas?
꾸안도 엠뻬에싼 라쓰 레바하쓰?

세일 기간은 얼마나 되나요?
¿Cuánto durarán las rebajas?
꾸안또 두라란 라쓰 레바하쓰?

\# 세일은 8월말까지 지속됩니다.

Las rebajas durarán hasta finales de agosto.
라쓰 레바하쓰 두라란 아스따 피날레쓰 데 아고스또

할인 품목 & 할인율

\# 전 제품을 20% 할인하고 있습니다.

Todo está rebajado al 20 por ciento.
또도 에스따 레바하도 알 베인떼 뽀르 씨엔또

\# 시간이 지날수록 할인폭은 더 커집니다.

A medida que pasa el tiempo, el porcentaje de los descuentos se incrementa.
아 메디다 께 빠사 엘 띠엠뽀, 엘 뽀르쎈따헤 데 로쓰 데스꾸엔또쓰 쎄 잉끄레멘따

\# 정가는 100유로지만 세일해서 80유로예요.

El precio original era de 100 euros, pero está rebajado a 80 euros.
엘 쁘레씨오 오리히날 에라 데 씨엔 에우로쓰, 뻬로 에스따 레바하도 아 오첸따 에우로쓰

티셔츠가 세일 중입니다. 3장을 구입하시면 1장을 무료로 드립니다.
Las camisetas están en oferta. Compra tres camisetas y te regalamos la cuarta.
라쓰 까미세따쓰 에스딴 엔 오페르따.
꼼쁘라 뜨레쓰 까미세따쓰 이 떼
레갈라모쓰 라 꾸아르따

어떤 품목들을 세일하고 있나요?
¿Qué está de oferta?
께 에스따 데 오페르따?

이 컴퓨터는 세일 중인가요?
¿Este ordenador está rebajado?
에스떼 오르데나도르 에스따 레바하도?

그것은 할인 제품이 아닙니다.
No está rebajado.
노 에스따 레바하도

할인 구입 조건

그 가게는 세일 기간에만 가요.
Voy a aquella tienda solo cuando están en rebajas.
보이 아 아께야 띠엔다 쏠로 꾸안도 에스딴 엔 레바하쓰

\# 난 세일 때까지 기다릴래.

Creo que voy a esperar hasta que esté rebajado.
끄레오 께 보이 아 에스뻬라르 아스따 께 에스떼 레바하도

\# ZARA가 엄청 세일 중인데. 거의 반값이야.

Hay unas enormes rebajas en ZARA. Todo prácticamente a mitad del precio.
아이 우나쓰 에노르메쓰 레바하쓰 엔 싸라. 또도 쁘락띠까멘떼 아 미딷 델 쁘레씨오

\# 이 모자는 세일해서 겨우 5유로였어.

Este sombrero costó solamente 5 euros al estar rebajado.
에스떼 쏨브레로 꼬스또 쏠라멘떼 씽꼬 에우로쓰 알 에스따르 레바하도

\# 세일 기간 중에는 좋은 물건을 찾기 힘들어.

Realmente no se puede encontrar productos de calidad de oferta.
레알멘떼 노 쎄 뿌에데 엥꼰뜨라르 쁘로둑또쓰 데 깔리닫 데 오페르따

\# 품질이 최고예요.
(품질은 스스로 말한다.)

La calidad habla por sí misma.
라 깔리닫 아블라 뽀르 씨 미스마

할부 구매

#할부로 구입이
가능한가요?

¿Puedo pagarlo a plazos?
뿌에도 빠가를로 아 쁠라쏘쓰?

¿Puedo pagar a plazos?
뿌에도 빠가르 아 쁠라쏘쓰?

¿Tiene un plan de pago?
띠에네 운 쁠란 데 빠고?

#할부로 차를
구입하고 싶은데요.

Quiero pagar el coche en varias cuotas.
끼에로 빠가르 엘 꼬체 엔 바리아쓰 꾸오따쓰

#일시불입니까
할부입니까?

¿Quiere pagarlo de golpe o en varias cuotas?
끼에레 빠가를로 데 골뻬 오 엔 바리아쓰 꾸오따쓰?

#할부로 하면
이자를 내야
합니까?

¿Tengo que pagar intereses al pagar en varias cuotas?
뗑고 께 빠가르 인떼레세쓰 알 빠가르 엔 바리아쓰 꾸오따쓰?

#일시불로 할게요.

Me gustaría pagarlo íntegramente.
메 구스따리아 빠가를로 인떼그라멘떼

\# 계약금으로 50%를 내셔야 하며, 잔금은 할부입니다.

Tienes que pagar un 50 por ciento al principio y el resto en varias cuotas.
띠에네쓰 께 빠가르 운 씽꾸엔따 뽀르 씨엔또 알 쁘린씨삐오 이 엘 레스또 엔 바리아쓰 꾸오따쓰

계산하기

\# 전부 얼마입니까?

¿Cuánto sería el total?
꾸안또 쎄리아 엘 또딸?

\# 총액은 35유로입니다.

El total asciende a 35 euros.
엘 또딸 아스씨엔데 아 뜨레인따 이 씽꼬 에우로쓰

\# 어떻게 지불하실 건가요?

¿Cómo le gustaría pagar?
꼬모 레 구스따리아 빠가르?

\# 현금과 카드 중 어떻게 계산하시겠어요?

¿Va a pagar en efectivo o con tarjeta?
바 아 빠가르 엔 에펙띠보 오 꼰 따르헤따?

Capítulo 4.

현금으로
하겠어요.

Me gustaría pagar en efectivo.
메 구스따리아 빠가르 엔 에펙띠보

Voy a pagar en efectivo.
보이 아 빠가르 엔 에펙띠보

카드로
해 주세요.

Con tarjeta, por favor.
꼰 따르헤따, 뽀르 파보르

신용카드도
되나요?

¿Puedo pagar con tarjeta de crédito?
뿌에도 빠가르 꼰 따르헤따 데 끄레디또?

¿Acepta tarjeta de crédito?
악쎕따르 따르헤따 데 끄레디또?

100유로짜리인데
잔돈 있으세요?

¿Tiene cambio de 100 euros?
띠에네 깜비오 데 씨엔 에우로쓰?

여기
거스름돈입니다.

Aquí está su cambio.
아끼 에스따 쑤 깜비오

카드는 5유로 이상에만 사용할 수 있습니다.
(5유로 이상만 카드를 받습니다.)

Aceptamos tarjeta para pagos superiores a 5 euros.
엑쎕따모쓰 따르헤따 빠라 빠고쓰 쑤뻬리오레쓰 아 씽꼬 에우로쓰

여기 영수증이요.

Aquí está su ticket.
아끼 에스따 쑤 띠껫

영수증 좀 주시겠어요?

¿Me da el ticket, por favor?
메 다 엘 띠껫, 뽀르 파보르?

배송

집까지 배송해 주시겠어요?

¿Podría llevarlo a mi casa?
뽀드리아 예바를로 아 미 까사?

배송료는 어떻게 계산하나요?

¿Cómo imputan los gastos de envío?
꼬모 임뿌딴 로쓰 가스또쓰 데 엠비오?

\# 이 상품의 가격에는 배송료가 포함되어 있지 않습니다.

El precio no incluye los gastos de envío.
엘 쁘레씨오 노 인끌루예 로쓰 가스또쓰 데 엠비오

\# 배송료는 따로 청구하나요?
(제가 추가 배송료를 내야 하나요?)

¿Debo pagar un extra por el envío?
데보 빠가르 운 엑쓰뜨라 뽀르 엘 엠비오?

\# 언제 배송되나요?

¿Cuándo me lo entregarán?
꾸안도 메 로 엔뜨레가란?

\# 구입 다음 날까지 배송됩니다.
(우리는 다음 날까지 배송해 줄 수 있습니다.)

Podemos entregarlo incluso al día siguiente.
뽀데모쓰 엔뜨레가를로 잉끌루소 알 디아 씨기엔떼

환불 & 교환

\# 이거 환불해 주시겠어요?

¿Puedo devolver esto, por favor?
뿌에도 데볼베르 에스또, 뽀르 파보르?

Me gustaría devolver esto.
메 구스따리아 데볼베르 에스또

# 환불 규정이 어떻게 되나요?	¿Cuáles son las condiciones de devolución? 꾸알레쓰 쏜 라쓰 꼰디씨오네쓰 데 데볼루씨온?
# 환불 가능 기간은 언제까지인가요?	¿Qué plazo tengo para devolverlo? 께 쁠라쏘 뗑고 빠라 데볼베를로?
# 구입일로부터 30일 이내입니다.	Tendría 30 días desde el día de compra. 뗀드리아 뜨레인따 디아쓰 데스데 엘 디아 데 꼼쁘라
# 영수증이 없으면 환불할 수 없습니다.	No se puede devolver sin el ticket. 노 쎄 뿌에도 데볼베르 씬 엘 띠껫
# 환불 및 교환 불가.	No hay devolución ni cambio. 노 아이 데볼루씨온 니 깜비오

Unidad 2 병원 & 약국　　　　　MP3. C04_U02

병원-예약 & 수속

#접수 창구는 어디입니까?
¿Dónde está recepción, por favor?
돈데 에스따 레쎕씨온, 뽀르 파보르?

#진찰 예약을 하고 싶습니다.
Me gustaría pedir una cita para ir al médico.
메 구스따리아 뻬디르 우나 씨따 빠라 이르 알 메디꼬

#저희 병원은 처음이신가요?
(여기에 오신 적이 있나요?)
¿Ha estado alguna vez aquí antes?
아 에스따도 알구나 베쓰 아끼 안떼쓰?

#오늘이 처음입니다.
(오늘이 첫 방문입니다.)
Hoy es mi primera visita.
오이 에쓰 미 쁘리메라 비시따

#1시에 López 선생님께 진료 예약을 했는데요.
Tengo una cita con el doctor López a la 1.
뗑고 우나 씨따 꼰 엘 독또르 로뻬쓰 아 라 우나

#건강 검진을 받고 싶은데요.
Me gustaría hacerme una revisión general.
메 구스따리아 아쎄르메 우나 레비시온 헤네랄

252

왕진도 가능한가요?
¿Tienen servicio de visitas?
띠에넨 쎄르비씨오 데 비시따쓰?

진찰실

어디가 안 좋으신가요?
¿Qué es lo que le pasa?
께 에쓰 로 께 레 빠사?
¿Qué le sucede?
께 레 쑤쎄데?

증상이 어떻습니까?
¿Cuáles son sus síntomas?
꾸알레쓰 쏜 쑤쓰 씬또마쓰?

전에 병을 앓으신 적이 있나요?
¿Alguna vez ha sufrido esta enfermedad antes?
알구나 베쓰 아 쑤프리도 에스따 엠페르메닫 안떼쓰?

체온을 재겠습니다.
Vamos a tomarle la temperatura.
바모쓰 아 또마를레 라 뗌뻬라뚜라
Veamos si tiene fiebre.
베아모쓰 씨 띠에네 피에브레

Capítulo 4.

진찰하도록 옷을 벗어 주세요.
Por favor, quítese su camisa para que pueda auscultarle.
뽀르 파보르, 끼떼세 쑤 까미사 빠라 께 뿌에다 아우스꿀따를레

숨을 깊이 들이마시세요.
Respire profundamente.
레스삐레 쁘로푼다멘떼

외과

다리가 부었어요.
Tengo el pie hinchado.
뗑고 엘 삐에 인차도

교통사고로 다리가 부러졌어요.
Me rompí la pierna en un accidente de coche.
메 롬삐 라 삐에르나 엔 운 악씨덴떼 데 꼬체

넘어져서 무릎이 까졌어요.
Me caí y me desollé las rodillas.
메 까이 이 메 데소예 라쓰 로디야쓰
Me caí y me raspé las rodillas.
메 까이 이 메 라스뻬 라쓰 로디야쓰

(꼬리뼈 쪽) 허리가 아파요.
Me duele la rabadilla.
메 두엘레 라 라바디야

254

#등이 아파요.

Me duele la espalda.
메 두엘레 라 에스빨다

Tengo un dolor en la espalda.
뗑고 운 돌로르 엔 라 에스빨다

#발목을 삐었어요.

Me torcí el tobillo.
메 또르씨 엘 또비요

Tengo un esguince en el tobillo.
뗑고 운 에스긴쎄 엔 엘 또비요

#어깨가 결려요.

Me duele el hombro.
메 두엘레 엘 옴브로

내과-감기

#감기에 걸린 것 같아요.

Me parece que he cogido un resfriado.
메 빠레쎄 께 에 꼬히도 운 레스프리아도

Tengo un resfriado.
뗑고 운 레스프리아도

#코가 막혔어요.

Tengo la nariz congestionada.
뗑고 라 나리쓰 꽁헤스띠오나다

\# 콧물이 나요.

Me moquea mucho la nariz.
메 모께아 무초 라 나리쓰

\# 침을 삼킬 때마다 목이 아파요.

Me duele la garganta cuando trago.
메 두엘레 라 가르간따 꾸안도 뜨라고

\# 기침을 할 때마다 목이 아파요.

Tengo una sensación de ardor cuando toso.
뗑고 우나 쎈사씨온 데 아르도르 꾸안도 또소

내과-열

\# 열이 있어요.

Tengo fiebre.
뗑고 피에브레

\# 열이 38도예요.

Tengo 38 de fiebre.
뗑고 뜨레인따 이 오초 데 피에브레

# 머리가 깨질 듯 아파요.	Tengo un terrible dolor de cabeza. 뗑고 운 떼리블레 돌로르 데 까베싸 Me duele la cabeza. 메 두엘레 라 까베싸
# 기운이 없어요.	Me siento sin fuerzas. 메 씨엔또 씬 푸에르싸쓰
# 목이 쉬었어요.	Tengo la voz ronca. 뗑고 라 보쓰 롱까
# 독감이 유행하고 있어요. (많은 사람들이 감기에 걸렸다.)	Hay un montón de gente con gripe estos días. 아이 운 몬똔 데 헨떼 꼰 그리뻬 에스또쓰 디아쓰

내과-소화기

# 배가 아파요.	Me duele la tripa. 메 두엘레 라 뜨리빠

#위가 너무 아파요.

Tengo un fuerte dolor en el estómago.
뗑고 운 푸에르떼 돌로르 엔 엘 에스또마고

#아랫배에 통증이 있어요.

Tengo un dolor en el abdomen.
뗑고 운 돌로르 엔 엘 안도멘

#배탈이 났어요.

Tengo la tripa suelta.
뗑고 라 뜨리빠 쑤엘따

#구역질이 나요.

Tengo ganas de vomitar.
뗑고 가나쓰 데 보미따르

Tengo náuseas.
뗑고 나우세아쓰

Estoy mareada.
에스또이 마레아다

#속이 뒤틀려서 죽겠어요.

Tengo el estómago revuelto.
뗑고 엘 에스또마고 레부엘또

#먹으면 바로 토해요.

Vomito cuando como.
보미또 꾸안도 꼬모

속이 거북해요.

Me encuentro un poco pesado(a).
메 엥꾸엔뜨로 운 뽀꼬 뻬사도(다)

트림을 멈출 수 없어요.

No puedo parar de eructar.
노 뿌에도 빠라르 데 에룩따르

변비가 있어요.

Tengo estreñimiento.
뗑고 에스뜨레니미엔또

요 며칠 동안 변을 못 봤어요.

No he tenido ningún movimiento intestinal durante algunos días.
노 에 떼니도 닝군 모비미엔또 인떼스띠날 두란떼 알구노쓰 디아쓰

설사를 합니다.

Tengo diarrea.
뗑고 디아레아

어제부터 내내 설사만 했어요.

Desde ayer, he tenido diarrea durante todo el día.
데스데 아예르, 에 떼니도 디아레아 두란떼 또도 엘 디아

치과-치통

#이가 몹시 아파요.

Me duelen los dientes muchísimo.
메 두엘렌 로쓰 디엔떼쓰 무치시모

Tengo un fuerte dolor en los dientes.
뗑고 운 푸에르떼 돌로르 엔 로쓰 디엔떼쓰

#견딜 수 없는 어금니 치통으로 고통받고 있어요.

Estoy sufriendo un dolor de muelas inaguantable.
에스또이 쑤프리엔도 운 돌로르 데 무엘라쓰 이나구안따블레

#치통이 있어요. 어금니가 아파요.

Tengo dolor de dientes.
Me duelen las muelas.
뗑고 돌로르 데 디엔떼쓰. 메 두엘렌 라쓰 무엘라쓰

#이가 약간 아픕니다.

Tengo un ligero dolor en los dientes.
뗑고 운 리헤로 돌로르 엔 로쓰 디엔떼쓰

먹을 때마다 이가 아파서 아무것도 먹을 수 없습니다.

No puedo comer nada, ya que tengo un fuerte dolor de muelas cada vez que como.
노 뿌에도 꼬메르 나다, 야 께 뗑고 운 푸에르떼 돌로르 데 무엘라쓰 까다 베쓰 께 꼬모

치통 때문에 음식을 잘 씹을 수가 없습니다.

No puedo masticar la comida bien debido al dolor de dientes.
노 뿌에도 마스띠까르 라 꼬미다 비엔 데비도 알 돌로르 데 디엔떼쓰

치과-충치

충치가 있는 것 같습니다.

Tengo una caries.
뗑고 우나 까리에쓰

아래쪽 어금니에 충치가 생겼어요.

Tengo una caries en las muelas inferiores.
뗑고 우나 까리에쓰 엔 라쓰 무엘라쓰 임페리오레쓰

(당신은) 가벼운 충치가 두 개 있는 것 같군요.

Parece que tiene dos pequeñas cavidades entre los dientes.
빠레쎄 께 띠에네 도쓰 뻬께냐쓰 까비다데쓰 엔뜨레 로쓰 디엔떼쓰

#충치가
엄청 쑤셔요.

La caries que tengo me duele una barbaridad.
라 까리에쓰 께 뗑고 메 두엘레 우나 바르바리닫

#충치를
때워야겠어요.

Me gustaría ponerme una prótesis en el hueco que tengo entre los dientes.
메 구스따리아 뽀네르메 우나 쁘로떼시쓰 엔 엘 우에꼬 께 뗑고 엔뜨레 로쓰 디엔떼쓰

진료 기타

#꽃가루
알레르기가 있어요.

Soy alérgico(a) al polen.
쏘이 알레르히꼬(까) 알 뽈렌

#빈혈이 있어요.

Tengo anemia.
뗑고 아네미아

#코피가 나요.

Tengo una hemorragia nasal.
뗑고 우나 에모라히아 나살

Me sangra la nariz.
메 쌍그라 라 나리쓰

#고혈압이 있어요.	Tengo la presión arterial alta. 뗑고 라 쁘레씨온 아르떼리알 알따
#식욕이 없습니다.	No tengo apetito. 노 뗑고 아뻬띠또
#온몸에 온통 두드러기가 났어요.	Tengo extraños sarpullidos por todo mi cuerpo. 뗑고 엑쓰뜨라뇨쓰 싸르뿌지도쓰 뽀르 또도 미 꾸에르뽀
#모기에 물렸어요.	Me han picado los mosquitos. 메 안 삐까도 로쓰 모스끼또쓰
#생리를 건너뛰었어요.	No me ha llegado el periodo este mes. 노 메 아 예가도 엘 뻬리오도 에스떼 메쓰

입원 & 퇴원

#(병원에서 나에게) 입원 수속을 시켰다.	Me han ingresado. 메 안 잉그레사도

# 입원해야 합니까?	¿Debo quedarme hospitalizado(a)? 데보 께다르메 오스삐딸리싸도(다)?
# 즉시 입원 수속을 밟아야 합니다.	Debe ser ingresado de inmediato. 데베 쎄르 잉그레사도 데 임메디아또
# 얼마나 입원해야 합니까?	¿Cuánto tiempo tengo que estar en el hospital? 꾸안또 띠엠뽀 뗑고 께 에스따르 엔 엘 오스삐딸?
# 입원에도 의료 보험이 적용됩니까?	¿Mi póliza de seguro de hospitalización lo cubre? 미 뽈리싸 데 쎄구로 데 오스삐딸리싸씨온 로 꾸브레?
# 가능하면 1인실로 해 주세요.	Me gustaría tener una habitación individual, si es posible. 메 구스따리아 떼네르 우나 아비따씨온 인디비두알, 씨 에쓰 뽀시블레
# 언제 퇴원할 수 있습니까?	¿Cuándo podré salir del hospital? 꾸안도 뽀드레 쌀리르 델 오스삐딸?

수술

\# 그는 위독한 상태입니다.
Está gravemente enfermo.
에스따 그라베멘떼 엠페르모

\# 이달을 넘기기 힘들 것 같습니다.
Me temo que no le queda ni un mes.
메 떼모 께 노 레 께다 니 운 메쓰

\# (제가) 수술을 받아야 하나요?
¿Necesito cirugía?
네쎄시또 씨루히아?
¿Me tienen que operar?
메 띠에넨 께 오뻬라르?

\# 수술받은 적이 있나요?
¿Alguna vez ha tenido alguna operación?
알구나 베쓰 아 떼니도 알구나 오뻬라씨온?

\# 제왕절개 수술을 했습니다.
Tuve una cesárea.
뚜베 우나 쎄사레아

\# 맹장 수술을 했습니다.
Tuve una apendicectomía.
뚜베 우나 아뻰디쎅또미아

Capítulo 4.

병원비 & 보험

\# 진찰료는
얼마입니까?

¿Cuánto costará la consulta?
꾸안또 꼬스따라 라 꼰술따?

\# 건강 보험이
있나요?

¿Tiene seguro médico?
띠에네 쎄구로 메디꼬?

\# 저는 건강 보험에
가입되어 있어요.

Tengo seguro médico.
뗑고 쎄구로 메디꼬

\# 저는 보험에
가입되어 있지
않아요.

No tengo seguro.
노 뗑고 쎄구로

Mi póliza de seguro no lo cubre.
미 뽈리싸 데 쎄구로 노 로 꾸브레

\# 모든 비용이
보험 적용되나요?

¿Cubre mi seguro todos los gastos?
꾸브레 미 쎄구소 또도쓰 로쓰 가스또쓰?

\# 반액만 보험이
적용됩니다.

Cubre solo la mitad de los gastos.
꾸브레 쏠로 라 미딷 데 로쓰 가스또쓰

\# 일부 의약품은 보험 적용이 안 됩니다.

Algunos tipos de medicamentos no están cubiertos por el seguro.
알구노쓰 띠뽀쓰 데 메디까멘또쓰 노 에스딴 꾸비에르또쓰 뽀르 엘 쎄구로

문병

\# 안됐군요! 몸조심하십시오.

¡Qué lástima! Por favor, cuídese.
께 라스띠마! 뽀르 파보르, 꾸이데세

\# 빨리 회복되기를 바랍니다.

Espero que se recupere pronto.
에스뻬로 께 쎄 레꾸뻬레 쁘론또

\# 좋아지시길 바랍니다.

Espero que se mejore.
에스뻬로 께 쎄 메호레

\# 심각한 병이 아니길 바랍니다.

Espero que no sea nada serio.
에스뻬로 께 노 쎄아 나다 쎄리오

\# 편찮으시다니
유감입니다.

Lamento escuchar que está enfermo.
라멘또 에스꾸차르 께 에스따 엠페르모

\# 나아지셨다니
다행이네요.

Me alegro de que se sienta mejor.
메 알레그로 데 께 쎄 씨엔따 메호르

처방전

\# 처방전을 써
드리겠습니다.

Voy a hacer una receta.
보이 아 아쎄르 우나 레쎄따

Voy a recetar un medicamento.
보이 아 레쎄따르 운 메디까멘또

\# 사흘치
약을 처방해
드리겠습니다.

Voy a prescribirle un medicamento durante tres días.
보이 아 쁘레스끄리비를레 운 메디까멘또 두란떼 뜨레쓰 디아쓰

\# 약에 알레르기가
있습니까?

¿Tiene alergia a algún medicamento?
띠에네 알레르히아 아 알군 메디까멘또?

\# 이 약을 드시면
졸음이 올 겁니다.

Esto hará que se sienta un poco somnoliento.
에스또 아라 께 쎄 씨엔따 운 뽀꼬 쏨놀리엔또

\# 현재 복용하는 약이 있나요?
¿Está tomando algún medicamento?
에스따 또만도 알군 메디까멘또?

\# 이 약에 부작용은 없나요?
¿Este medicamento tiene efectos secundarios?
에스떼 메디까멘또 띠에네 에펙또쓰 쎄꾼다리오쓰?

\# 요즘 복용하는 약이 있나요?
¿Ha tomado algún medicamento recientemente?
아 또마도 알군 메디까멘또 레씨엔떼멘떼?

약국

\# 몇 알씩 먹어야 하나요?
¿Cuántas pastillas debo tomar?
꾸안따쓰 빠스띠야쓰 데보 또마르?

\# 얼마나 자주 약을 먹어야 하나요?
¿Con qué frecuencia tengo que tomar el medicamento?
꼰 께 프레꾸엔씨아 뗑고 께 또마르 엘 메디까멘또?

\# 다섯 시간마다 한 알씩 복용하세요.
Tome una cada cinco horas.
또메 우나 까다 씽꼬 오라쓰

이 약을 하루 한 번 한 알씩 복용하세요.
Tome una cápsula de este medicamento al día.
또메 우나 깝쑬라 데 에스떼 메디까멘또 알 디아

1일 3회, 식전에 복용하세요.
Tres veces al día antes de las comidas.
뜨레쓰 베쎄쓰 알 디아 안떼쓰 데 라쓰 꼬미다쓰

수면제 좀 주세요.
¿Me puede recetar algunas pastillas para dormir?
메 뿌에데 레쎄따르 알구나쓰 빠스띠야쓰 빠라 도르미르?

진통제 있나요?
¿Tiene algún analgésico?
띠에네 알군 아날헤시꼬?

반창고 한 통 주세요.
Dame una caja de tiritas, por favor.
다메 우나 까하 데 띠리따쓰, 뽀르 파보르

Unidad 3 은행 & 우체국

은행-계좌

 # (은행) 계좌를 개설하고 싶습니다.
Me gustaría abrir una cuenta bancaria.
메 구스따리아 아브리르 우나 꾸엔따 방까리아

 # 어떤 종류의 예금을 원하십니까?
¿Qué tipo de cuenta es la que quiere?
께 띠뽀 데 꾸엔따 에쓰 라 께 끼에레?

 # 저축 예금인가요 아니면 당좌 예금인가요?
¿Es una cuenta de ahorros o una cuenta corriente?
에쓰 우나 꾸엔따 데 아오로쓰 오 우나 꾸엔따 꼬리엔떼?

 # 이자율은 어떻게 됩니까?
¿Cuál es el tipo de interés?
꾸알 에쓰 엘 띠뽀 데 인떼레쓰?

 # 신분증을 보여 주시겠어요?
¿Me podría facilitar una tarjeta de identificación?
메 뽀드리아 파씰리따르 우나 따르헤따 데 이덴띠피까씨온?

¿Puedo ver su identificación, por favor?
뿌에도 베르 쑤 이덴띠피까씨온, 뽀르 파보르?

\# 체크 카드도
만드시겠습니까?

¿Le gustaría solicitar una tarjeta de débito también?
레 구스따리아 쏠리씨따르 우나 따르헤따 데 데비또 땀비엔?

\# (은행) 계좌를
해지하고 싶습니다.

Me gustaría cerrar mi cuenta bancaria.
메 구스따리아 쎄라르 미 꾸엔따 방까리아

입출금

\# 지금부터 예금과
출금을 하셔도
됩니다.

A partir de ahora, puede depositar y retirar efectivo.
아 빠르띠르 데 아오라, 뿌에데 데뽀시따르 이 레띠라르 에펙띠보

\# 얼마를
예금하시겠습니까?

¿Cuánto quiere ingresar?
꾸안또 끼에레 잉그레사르?

\# 50유로를
예금하려 합니다.

Me gustaría hacer un depósito de 50 euros.
메 구스따리아 아쎄르 운 데뽀시또 데 씽꾸엔따 에우로쓰

Me gustaría ingresar estos 50 euros en mi cuenta.
메 구스따리아 잉그레사르 에스또쓰 씽꾸엔따 에우로쓰 엔 미 꾸엔따

100유로를 출금하려 합니다.

Quiero retirar 100 euros de mi cuenta.
끼에로 레띠라르 씨엔 에우로쓰 데 미 꾸엔따

얼마를 인출하려고 합니까?

¿Cuánto quiere retirar?
꾸안또 끼에레 레띠라르?

제 계좌의 거래 내역을 확인하고 싶은데요.

Me gustaría comprobar las transacciones habidas en mi cuenta.
메 구스따리아 꼼쁘로바르 라쓰 뜨란삭씨오네쓰 아비다쓰 엔 미 꾸엔따

송금

이 계좌로 송금해 주세요.

Por favor, transferid los fondos a esta cuenta.
뽀르 파보르, 뜨란스페릳 로쓰 폰도쓰 아 에스따 꾸엔따

국내 송금인가요 해외 송금인가요?

¿Eso es una remesa nacional o extranjera?
에소 에쓰 우나 레메사 나씨오날 오 엑쓰뜨랑헤라?

Capítulo 4.

한국으로 송금하고 싶습니다.

Me gustaría hacer una remesa a Corea del sur.
메 구스따리아 아쎄르 우나 레메사 아 꼬레아 델 쑤르

Quiero hacer una transferencia bancaria a Corea del sur.
끼에로 아쎄르 우나 뜨란스페렌씨아 방까리아 아 꼬레아 델 쑤르

은행 이체 수수료가 있습니까?

¿Hay que pagar alguna comisión al banco para hacer transferencias de dinero?
아이 께 빠가르 알구나 꼬미시온 알 방꼬 빠라 아쎄르 뜨란스페렌씨아쓰 데 디네로?

수수료는 10유로입니다.

Hay un cargo de 10 euros.
아이 운 까르고 데 디에쓰 에우로쓰

ATM 사용

#현금 자동 지급기는 어디에 있나요?
¿Dónde está el cajero automático?
돈데 에스따 엘 까헤로 아우또마띠꼬?

#어떻게 돈을 입금하나요?
¿Cómo hago un depósito?
꼬모 아고 운 데뽀시또?

#여기에 카드를 넣어 주세요.
Por favor, inserte su tarjeta aquí.
뽀르 파보르, 인세르떼 쑤 따르헤따 아끼

#비밀번호를 입력하세요.
Por favor, introduzca su código PIN.
뽀르 파보르, 인뜨로두쓰까 쑤 꼬디고 삔

#계좌 잔고가 부족합니다.
(당신의 잔고가 충분하지 않습니다.)
Su saldo es insuficiente.
쑤 쌀도 에쓰 인수피씨엔떼

#잔액 조회 버튼을 누르세요.
Por favor, pulse la tecla de saldo de la cuenta.
뽀르 파보르, 뿔세 라 떼끌라 데 쌀도 데 라 꾸엔따

신용카드

 # 신용카드를 신청하고 싶은데요.

Quiero solicitar una tarjeta de crédito.
끼에로 쏠리씨따르 우나 따르헤따 데 끄레디또

Me gustaría obtener una tarjeta de crédito.
메 구스따리아 옵떼네르 우나 따르헤따 데 끄레디또

 # 카드가 언제 발급되나요?

¿Cuánto tardan en emitirla?
꾸안또 따르단 엔 에미띠를라?

 # 사용 한도액이 어떻게 되나요?

¿Cuánto es el límite para esta tarjeta?
꾸안또 에쓰 엘 리미떼 빠라 에스따 따르헤따?

 # 유효 기간은 언제인가요?

¿Cuándo es la fecha de caducidad de esta tarjeta de crédito?
꾸안도 에쓰 라 페차 데 까두씨닫 데 에스따 따르헤따 데 끄레디또?

최근 신용카드 사용 내역을 확인하고 싶은데요.
Quiero comprobar mi último informe de la tarjeta de crédito.
끼에로 꼼쁘로바르 미 울띠모 임포르메 데 라 따르헤따 데 끄레디또

신용카드를 도난당했어요. 해지해 주세요.
Mi tarjeta de crédito ha sido robada. Por favor, cancélenla.
미 따르헤따 데 끄레디또 아 씨도 로바다. 뽀르 파보르, 깐쎌렌라

신용카드를 남용해서 빚을 졌어요.
Tengo deudas por el uso excesivo de la tarjeta de crédito.
뗑고 데우다쓰 뽀르 엘 우소 엑쓰쎄시보 데 라 따르헤따 데 끄레디또

환전

환전할 수 있습니까?
¿Puedo cambiar moneda extranjera?
뿌에도 깜비아르 모네다 엑쓰뜨랑헤라?

원화를 유로화로 환전하고 싶습니다.
Me gustaría cambiar de won coreano a euros.
메 구스따리아 깜비아르 데 원 꼬레아노 아 에우로쓰

여행자 수표를 유로화로 환전하고 싶어요.
Quiero cambiar un cheque de viaje en euros.
끼에로 깜비아르 운 체께 데 비아헤 엔 에우로쓰

환전한 금액의 10%를 수수료로 받고 있습니다.

Cobramos una comisión del 10 por ciento de la cantidad intercambiada.
꼬브라모쓰 우나 꼬미시온 델 디에쓰 뽀르 씨엔또 데 라 깐띠달 인떼르깜비아다

전액 10유로 지폐로 주세요.

Por favor, deme todos en billetes de 10 euros.
뽀르 파보르, 데메 또도쓰 엔 비예떼쓰 데 디에쓰 에우로쓰

길 건너편에 환전소가 있습니다.

Hay un establecimiento de intercambio de divisas al cruzar la calle.
아이 운 아스따블레씨미엔또 데 인떼르깜비오 데 디비사쓰 알 끄루싸르 라 까예

환율

오늘 환율이 어떻게 됩니까?

¿Cuál es el tipo de cambio actual?
꾸알 에쓰 엘 띠뽀 데 깜비오 악뚜알?

\# 원화를 유로화로 바꾸는 환율이 어떻게 되나요?

¿Cuál es el tipo de cambio de won a euro?
꾸알 에쓰 엘 띠뽀 데 깜비오 데 원 아 에우로?

\# 오늘 환율은 1유로당 1,300원입니다.

El tipo de cambio de hoy es de 1 300 won por euro.
엘 띠뽀 데 깜비오 데 오이 에쓰 데 밀 뜨레스씨엔또쓰 원 뽀르 에우로

\# 1유로에 1,300원의 환율로 환전했어요.

Cambié un euro por 1 300 won.
깜비에 운 에우로 뽀르 밀 뜨레스씨엔또쓰 원

\# 환율은 벽에 게시되어 있습니다.

Los tipos de cambio están indicados en el cartel de la pared.
로쓰 띠뽀쓰 데 깜비오 에스딴 인디까도쓰 엔 엘 까르뗄 데 라 빠렌

\# 환율이 최저치로 떨어졌어요.

El tipo de cambio ha caído hasta su punto más bajo.
엘 띠뽀 데 깜비오 아 까이도 아스따 쑤 뿐또 마쓰 바호

\# 환율이 떨어졌을 때 빨리 환전해야 합니다.

Cuando baja el tipo de cambio, debe cambiarlo cuanto antes.
꾸안도 바하 엘 띠뽀 데 깜비오, 데베 깜비아를로 꾸안또 안떼쓰

Capítulo 4.

은행 기타

#제 계좌 잔고를 알 수 있을까요?
¿Puedo saber cuánto dinero tengo en mi cuenta?
뿌에도 싸베르 꾸안또 디네로 뗑고 엔 미 꾸엔따?

#이상한 거래 내역이 있는지 정기적으로 계좌를 확인해야 합니다.
Debe verificar su cuenta regularmente, por si hay transacciones inusuales.
데베 베리피까르 쑤 꾸엔따 레굴라르멘떼, 뽀르 씨 아이 뜨란삭씨오네쓰 이누수알레쓰

#인터넷뱅킹을 신청하고 싶은데요.
Quiero empezar a usar banca por internet.
끼에로 엠뻬싸르 아 우사르 방까 뽀르 인떼르넷

#번호표를 받고 잠시 기다려 주세요.
Por favor, tome un número del cajetín y espere a ser atendido.
뽀르 파보르, 또메 운 누메로 델 까헤띤 이 에스뻬레 아 쎄르 아뗀디도

#잔돈으로 교환해 주시겠어요?
¿Me puede cambiar esto en monedas?
메 뿌에데 깜비아르 에스또 엔 모네다쓰?

편지 발송

\# 50센트짜리 우표 세 장 주세요.
¿Podría darme tres sellos de 50 céntimos?
뽀드리아 다르메 뜨레쓰 쎄요쓰 데 씽꾸엔따 쎈띠모쓰?

\# 이 편지를 보내는 요금이 얼마입니까?
¿Cuánto cuesta enviar esta carta?
꾸안또 꾸에스따 엠비아르 에스따 까르따?

\# 보통 우편인가요 빠른 우편인가요?
¿Por correo ordinario o urgente?
뽀르 꼬레오 오르디나리오 오 우르헨떼?

\# 빠른 우편으로 보내는 비용은 얼마인가요?
¿Cuánto cuesta enviar esta carta por correo express?
꾸안또 꾸에스따 엠비아르 에스따 까르따 뽀르 꼬레오 엑쓰쁘레쓰?

\# 등기 우편으로 보내고 싶은데요.
Envíe esta carta por correo certificado, por favor.
엠비에 에스따 까르따 뽀르 꼬레오 쎄르띠피까도, 뽀르 파보르

\# 우편 요금은 착불입니다.
Los gastos serán pagados por el destinatario.
로쓰 가스또쓰 쎄란 빠가도쓰 뽀르 엘 데스띠나따리오

소포 발송

\# 소포 무게 좀 달아 주시겠어요?
(이 소포의 무게가 얼마인가요?)

¿Cuánto pesa este paquete?
꾸안또 뻬사 에스떼 빠께떼?

\# 이 소포를 포장해 주세요.

Por favor, envuelva este paquete en papel de embalaje.
뽀르 파보르, 엠부엘바 에스떼 빠께떼 엔 빠뻴 데 엠발라헤

\# 소포의 내용물은 무엇입니까?

¿Qué contiene el paquete?
께 꼰띠에네 엘 빠께떼?

\# 조심해 주세요! 깨지기 쉬운 물건입니다.

Por favor, ¡ten cuidado!
뽀르 파보르, 뗀 꾸이다도!
Este paquete es frágil.
에스떼 빠께떼 에쓰 프라힐

\# 만일을 대비해 소포를 보험에 가입해 주세요.

Por favor, asegura este paquete por si acaso.
뽀르 파보르, 아세구라 에스떼 빠께떼 뽀르 씨 아까소

도착하려면 얼마나 걸리나요?

¿Cuánto tiempo tardará en llegar allí?
꾸안또 띠엠뽀 따르다라 엔 예가르 아지?

¿Cuándo llegará mi paquete?
꾸안도 예가라 미 빠께떼?

이틀 후에 도착할 겁니다.

Tarda dos días en llegar allí.
따르다 도쓰 디아쓰 엔 예가르 아지

Va a llegar dentro de dos días.
바 아 예가르 덴뜨로 데 도쓰 디아쓰

우체국 기타

이 소포를 일본으로 보내려고 합니다.

Me gustaría enviar este paquete a Japón.
메 구스따리아 엠비아르 에스떼 빠께떼 아 하뽄

항공편인가요 배편인가요?

¿Por correo aéreo o por correo terrestre?
뽀르 꼬레오 아에레오 오 뽀르 꼬레오 떼레스뜨레?

항공 우편 요금은 얼마인가요?

¿Cuál es la tarifa para el correo aéreo?
꾸알 에쓰 라 따리파 빠라 엘 꼬레오 아에레오?

\# 전보를 부치고
싶습니다.

Quiero enviar un telegrama.
끼에로 엠비아르 운 뗄레그라마

Me gustaría enviar un telegrama.
메 구스따리아 엠비아르 운 뗄레그라마

\# 한 문장에
얼마입니까?

¿Cuánto cuesta cada palabra?
꾸안또 꾸에스따 까다 빨라브라?

\# 우편환을
보내고 싶습니다.

Me gustaría enviar un giro postal.
메 구스따리아 엠비아르 운 히로 뽀스딸

\# 판매용
기념 우표를
취급하나요?

¿Tiene algunos sellos conmemorativos a la venta?
띠에네 알구노쓰 쎄요쓰 꼰메모라띠보쓰 아 라 벤따?

Unidad 4 미용실

미용실 상담

MP3. C04_U04

헤어스타일을 새롭게 바꾸고 싶어요.

Necesito un nuevo estilo de pelo.
네쎄시또 운 누에보 에스띨로 데 뻴로

Me gustaría dar un nuevo estilo a mi pelo.
메 구스따리아 다르 운 누에보 에스띨로 아 미 뻴로

어떤 스타일로 해 드릴까요?

¿Cómo le gustaría que fuera su cabello?
꼬모 레 구스따리아 께 푸에라 쑤 까베요?

헤어스타일 책을 보여 드릴까요?

¿Puedo mostrarle un libro de tipos de peinados?
뿌에도 모스뜨라를레 운 리브로 데 띠뽀쓰 데 뻬이나도쓰?

선택에 맡길게요. 알아서 어울리게 해 주세요.

Lo dejo a su elección. Simplemente haga lo que crea que me quedará mejor.
로 데호 아 쑤 엘렉씨온. 씸쁠레멘떼 아가 로 께 끄레아 께 메 께다라 메호르

#이 사진 속의 모델처럼 하고 싶어요.
Quiero hacerme lo mismo que el modelo de esta foto.
끼에로 아쎄르메 로 미쓰모 께 엘 모델로 데 에스따 포또

커트

#머리를 자르고 싶어요.
Me gustaría cortarme el pelo.
메 구스따리아 꼬르따르메 엘 뻴로

#어떻게 잘라 드릴까요?
¿Cómo quiere que se lo cortemos?
꼬모 끼에레 께 쎄 로 꼬르떼모쓰?

#이 (단발) 정도 길이로 해 주세요.
Déjame media melena.
데하메 메디아 멜레나

#어깨에 오는 길이로 잘라 주시겠어요?
¿Me puede cortar el pelo a la altura de los hombros?
메 뿌에데 꼬르따르 엘 뻴로 아 라 알뚜라 데 로쓰 옴브로쓰?

#머리를 짧게 자르고 싶어요.
Me gustaría tener el pelo muy corto.
메 구스따리아 떼네르 엘 뻴로 무이 꼬르또

#머리 끝 약간만 잘라 주세요.	Por favor, córteme unos centímetros en los extremos. 뽀르 파보르, 꼬르떼메 우노쓰 쎈띠메뜨로쓰 엔 로쓰 엑쓰뜨레모쓰
#끝만 살짝 다듬어 주시겠어요?	¿Podría recortarme un poquito las puntas? 뽀드리아 레꼬르따르메 운 뽀끼또 라쓰 뿐따쓰?
#스포츠형으로 짧게 잘라 주세요.	Quiero un corte de pelo militar. 끼에로 운 꼬르떼 데 뻴로 밀리따르
#단발머리를 하고 싶어요.	Me gustaría llevar el pelo corto. 메 구스따리아 예바르 엘 뻴로 꼬르또
#앞머리도 잘라 주세요.	Me gustaría tener flequillo, también. 메 구스따리아 떼네르 플레끼요, 땀비엔
#앞머리는 그대로 두세요.	Me gustaría mantener mi flequillo. 메 구스따리아 만떼네르 미 플레끼요 Por favor, no me corte el flequillo. 뽀르 파보르, 노 메 꼬르떼 엘 플레끼요

머리의 숱을 좀 쳐 주세요.

Quiero que me corte el pelo para reducirme el volumen.
끼에로 께 메 꼬르떼 엘 뻴로 빠라 레두씨르메 엘 볼루멘

머리에 층을 내 주세요.

Quiero mi cabello a capas.
끼에로 미 까베요 아 까빠쓰

너무 짧게 자르지 마세요.

No me deje el pelo demasiado corto.
노 메 데헤 엘 뻴로 데마시아도 꼬르또

파마

파마해 주세요.

Me gustaría una permanente, por favor.
메 구스따리아 우나 뻬르마넨떼, 뽀르 파보르

어떤 웨이브 파마를 원하세요?

¿Qué tipo de ondulado quiere en la permanente?
께 띠뽀 데 온둘라도 끼에레 엔 라 뻬르마넨떼?

스트레이트 파마로 해 주세요.
(곱슬머리를 펴고 싶어요.)

Quiero deshacerme de mis rizos.
끼에로 데스아쎄르메 데 미쓰 리쏘쓰

웨이브 파마로 해 주세요.
Quiero que mi cabello tenga tirabuzones.
끼에로 께 미 까베요 뗑가 띠라부쏘네쓰

부드러운 웨이브로 해 주세요.
Quiero tener el pelo con un ondulado no muy marcado.
끼에로 떼네르 엘 뻴로 꼰 운 온둘라도 노 무이 마르까도

너무 곱슬거리게 말지는 마세요.
No me rice el pelo demasiado, por favor.
노 메 리쎄 엘 뻴로 데마시아도, 뽀르 파보르

파마가 잘 안 나왔네요.
Su permanente no está demasiado bien.
쑤 뻬르마넨떼 노 에스따 데마시아도 비엔

염색

머리를 염색해 주세요.
Me gustaría teñirme el pelo, por favor.
메 구스따리아 떼니르메 엘 뻴로, 뽀르 파보르

어떤 색으로 하시겠어요?
¿De qué color quiere teñirse el pelo?
데 께 꼴로르 끼에레 떼니르세 엘 뻴로?

갈색으로 염색해 주실래요?

¿Puede teñírmelo de castaño?
뿌에도 떼니르멜로 데 까스따뇨?

Quiero teñírmelo de castaño.
끼에로 떼니르멜로 데 까스따뇨

금발로 하고 싶어요.

Me gustaría tener el pelo rubio.
메 구스따리아 떼네르 엘 뻴로 루비오

좀 더 밝은 색으로 염색하면 어려 보일 거예요.

Si cambia el color de pelo por uno más brillante, parecerá más joven.
씨 깜비아 엘 꼴로르 데 뻴로 뽀르 우노 마쓰 브리얀떼, 빠레쎄라 마쓰 호벤

염색하는 건 좀 싫은데요.
(염색하는 것에 두려움이 있어요.)

Tengo miedo de cambiar de color de pelo.
뗑고 미에도 데 깜비아르 데 꼴로르 데 뻴로

우리 엄마 머리가 온통 흰머리예요.

Mi madre tiene el pelo lleno de canas.
미 마드레 띠에네 엘 뻴로 예노 데 까나쓰

네일

\# 매니큐어는 어떤 색이 있나요?
¿Qué colores de esmalte de uñas tiene?
께 꼴로레쓰 데 에스말떼 데 우냐쓰 띠에네?

\# 이 색은 마음에 안 들어요.
No me gusta este color.
노 메 구스따 에스떼 꼴로르

\# 손톱을 다듬어 주세요.
Quiero que me recorte las uñas.
끼에로 께 메 레꼬르떼 라쓰 우냐쓰

\# 저는 손톱이 잘 부러지는 편이에요.
Mis uñas se rompen con facilidad.
미쓰 우냐쓰 쎄 롬뻰 꼰 파씰리닫

\# 발톱 손질도 해 드릴까요?
¿Quiere que le haga la pedicura?
끼에레 께 레 아가 라 뻬디꾸라?

미용실 기타

#저는 머리 숱이 무척 많아요.
Mi cabello es muy grueso.
미 까베요 에쓰 무이 그루에소

#저는 가르마를 왼쪽으로 타요.
Me peino haciéndome una raya a la izquierda.
메 뻬이노 아씨엔도메 우나 라야 아 라 이쓰끼에르다

#평소에는 머리를 묶고 다니는 편이에요.
Por lo general, lleva el pelo recogido.
뽀르 로 헤네랄, 예바 엘 뻴로 레꼬히도

#그냥 드라이만 해 주세요.
Solo séqueme el pelo, por favor.
쏠로 쎄께메 엘 뻴로, 뽀르 파보르

#면도해 주세요.
Me afeita, por favor.
메 아페이따, 뽀르 파보르

#머리결이 손상됐네요.
Tiene el pelo muy dañado.
띠에네 엘 뻴로 무이 다냐도

머리카락 끝이 다 갈라졌어요.

Tengo las puntas abiertas.
뗑고 라쓰 뿐따쓰 아비에르따쓰

Unidad 5 세탁소

세탁물 맡기기

\# 이 옷들은 세탁소에 맡길 거예요.
Voy a llevar esta ropa a la tintorería.
보이 아 예바르 에스따 로빠 아 라 띤또레리아

\# 이 양복을 세탁소에 좀 맡겨 줄래?
¿Puedes llevar estos trajes a la tintorería?
뿌에데쓰 예바르 에스또쓰 뜨라헤쓰 아 라 띤또레리아?

\# 이 양복을 세탁해 주세요.
Por favor, límpieme este traje.
뽀르 파보르, 림삐에메 에스떼 뜨라헤

\# 이 바지를 좀 다려 주세요.
Me gustaría que me plancharan estos pantalones.
메 구스따리아 께 메 쁠란차란 에스또쓰 빤딸로네쓰

\# 이 코트를 드라이클리닝 해 주세요.
¿Puede limpiarme este abrigo en seco?
뿌에데 림삐아르메 에스떼 아브리고 엔 쎄꼬?

다음 주 월요일까지 세탁해 주세요.
(다음 주 월요일까지 깨끗한 양복이 필요합니다.)

Voy a necesitar que esté el traje limpio el próximo lunes.
보이 아 네쎄시따르 께 에스떼 엘 뜨라헤 림삐오 엘 쁘록씨모 루네쓰

세탁물 찾기

언제 찾아갈 수 있나요?

¿Cuánto tardaría?
꾸안또 따르다리아?

¿Cuándo estará listo?
꾸안도 에스따라 리스또?

세탁물을 찾고 싶은데요.

Quiero recoger mi ropa.
끼에로 레꼬헤르 미 로빠

제 세탁물은 다 됐나요?

¿Estaría ya lista mi ropa?
에스따리아 야 리스따 미 로빠?

세탁소에서 내 옷 찾아 왔어?

¿Has cogido mi ropa de la tintorería?
아쓰 꼬히도 미 로빠 데 라 띤또레리아?

세탁비는 얼마인가요?

¿Cuánto cuesta llevar la ropa al tinte (a la tintorería)?
꾸안또 꾸에스따 예바르 라 로빠 알 띤떼 (아 라 띤또레리아)?

코트 한 벌 드라이클리닝 비용은 얼마인가요?

¿Cuánto vale llevar a limpiar un abrigo al tinte (a la tintorería)?
꾸안또 발레 예바르 아 림삐아르 운 아브리고 알 띤떼 (아 라 띤또레리아)?

세탁물 확인

제가 맡긴 세탁물이 다 됐는지 확인하려고 전화했습니다.

Estoy llamando para saber si mi ropa está ya lista.
에스또이 야만도 빠라 싸베르 씨 미 로빠 에스따 야 리스따

Me gustaría comprobar si mi ropa está lista.
메 구스따리아 꼼쁘로바르 씨 미 로빠 에스따 리스따

드라이클리닝 맡긴 게 다 됐다는 메시지를 받았는데, 몇 시까지 하세요?

Recibí un mensaje diciendo que mi ropa estaría lista. ¿A qué hora cierran?
레씨비 운 멘사헤 디씨엔도 께 미 로빠 에스따리아 리스따. 아 께 오라 씨에란?

\# 이거 다림질이 잘 안 된 것 같은데요.
Creo que esto no está bien planchado.
끄레오 께 에스또 노 에스따 비엔 쁠란차도

\# 카펫도 세탁이 가능한가요?
¿Limpian también alfombras?
림삐안 땀비엔 알폼브라쓰?

얼룩 제거

\# 얼룩 좀 제거해 주시겠어요?
¿Podrían quitar esta mancha?
뽀드리안 끼따르 에스따 만차?

\# 이 바지의 얼룩 좀 제거해 주시겠어요?
¿Podría limpiar todas las manchas de estos pantalones?
뽀드리아 림삐아르 또다쓰 라쓰 만차쓰 데 에스또쓰 빤딸로네쓰?

\# 드레스에 커피를 쏟았어요.
Derramé café por todo el vestido.
데라메 까페 뽀르 또도 엘 베스띠도

\# 이 얼룩은 빨아도 지워지지 않아요.
Esta mancha no desaparece con los lavados.
에스따 만차 노 데스빠레쎄 꼰 로쓰 라바도쓰

Capítulo 4.

\# 드라이클리닝을 하면 얼룩을 지울 수 있어요.
En la tintorería pueden quitar esta mancha.
엔 라 띤또레리아 뿌에덴 끼따르 에스따 만차

\# 얼룩이 제대로 빠지지 않았어요.
La mancha, finalmente, no salió.
라 만차, 피날멘떼, 노 쌀리오

수선

\# 수선도 하시나요?
¿Arreglan también ropa?
아레글란 땀비엔 로빠?

\# 이 코트를 좀 수선해 주세요.
¿Podría arreglar este abrigo?
뽀드리아 아레글라르 에스떼 아브리고?

\# 이 바지 길이를 좀 줄여 주세요.
Me gustaría que me cortaran estos pantalones.
메 구스따리아 께 메 꼬르따란 에스또쓰 빤딸로네쓰

\# 이 바지 수선이 가능한가요?
¿Es posible arreglar estos pantalones?
에쓰 뽀씨블레 아레글라르 에스또쓰 빤딸로네쓰?

지퍼가 떨어졌는데 수선해 주시겠어요?
Esta cremallera se ha caído. ¿Pueden cambiarla?
에스따 끄레마예라 쎄 아 까이도. 뿌에덴 깜비아를라?

보이지 않게 수선해 주세요.
¿Puede arreglarlo por el lado que no se ve de los pantalones?
뿌에데 아레글라를로 뽀르 엘 라도 께 노 쎄 베 데 로쓰 빤딸로네쓰?

죄송하지만, 이건 수선할 수 없겠는데요.
Lo siento, no puedo arreglar eso.
로 씨엔또, 노 뿌에도 아레글라르 에소

단추를 달아 주시겠어요?
¿Pueden poner un botón?
뿌에덴 뽀네르 운 보똔?

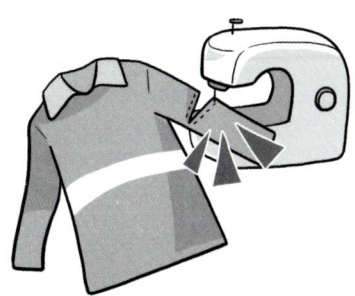

Unidad 6 렌터카 & 주유소　　　MP3. C04_U06

렌터카-대여 & 차종

\# 이번 토요일에
차 한 대 빌리고
싶습니다.

¿Puedo alquilar un coche para este sábado?
　뿌에도 알낄라르 운 꼬체 빠라 에스떼 싸바도?

\# 어떤 차를
원하십니까?

¿Qué tipo de coche quiere?
　께 띠뽀 데 꼬체 끼에레?

\# 밴을 빌리고
싶어요.

Me gustaría alquilar una furgoneta.
　메 구스따리아 알낄라르 우나 푸르고네따

\# 소형차를
빌리고 싶어요.

Quiero un coche compacto.
　끼에로 운 꼬체 꼼빡또

\# 오토매틱으로만
운전할 수 있어요.

Puedo conducir solo automáticos.
　뿌에도 꼰두씨르 쏠로 아우또마띠꼬쓰

\# 언제까지 사용할
예정입니까?

¿Hasta cuándo lo necesita?
　아스따 꾸안도 로 네쎄시따?

\# 5일간 빌리고 싶습니다.
Me gustaría alquilar un coche por 5 días.
메 구스따리아 알낄라르 운 꼬체 뽀르 씽꼬 디아쓰

\# 가능하면 지금 바로 빌리고 싶습니다.
Me gustaría recogerlo ahora mismo, si es posible.
메 구스따리아 레꼬헤를로 아오라 미스모, 씨 에쓰 뽀시블레

렌터카-요금 & 반납

\# 렌탈 요금은 어떻게 됩니까?
¿Cuál es su tarifa de alquiler?
꾸알 에쓰 쑤 따리파 데 알낄레르?

\# 하루에 50유로입니다.
Son 50 euros por día.
쏜 씽꾸엔따 에우로쓰 뽀르 디아

\# 보험을 가입하시겠어요?
¿Quiere un seguro?
끼에레 운 쎄구로?

Capítulo 4.

\# 종합 보험을
가입해 주세요.

Con seguro a todo riesgo, por favor.
꼰 쎄구로 아 또도 리에스고, 뽀르 파보르

Con una cobertura total, por favor.
꼰 우나 꼬베르뚜라 또딸, 뽀르 파보르

\# 어디로
반납해야 하나요?

¿Dónde debo dejar el coche?
돈데 데보 데하르 엘 꼬체?

\# 전국 지점 어느
곳으로나 반납이
가능합니다.

Puede devolver el coche en cualquier oficina de todo el país.
뿌에데 데볼베르 엘 꼬체 엔 꾸알끼에르 오피씨나 데 또도 엘 빠이쓰

주유소

\# 이 근처에
주유소가 있나요?

¿Hay una gasolinera por aquí?
아이 우나 가솔리네라 뽀르 아끼?

\# 주유소에 들러요.

Vayamos a la gasolinera.
바야모쓰 아 라 가솔리네라

가장 가까운 주유소가 어디에 있나요?

¿Dónde está la gasolinera más cercana?
돈데 에스따 라 가솔리네라 마쓰 쎄르까나?

기름은 충분해?

¿Tienes suficiente gasolina?
띠에네쓰 쑤피씨엔떼 가솔리나?

기름이 떨어져 가는데.

Estamos quedándonos sin gasolina.
에스따모쓰 께단도노쓰 씬 가솔리나

기름이 다 떨어졌어. 주유소가 어디에 있지?

Me he quedado sin gasolina. ¿Dónde está la gasolinera más próxima?
메 에 께다도 씬 가솔리나. 돈데 에스따 라 가솔리네라 마쓰 쁘록씨마?

다음 주유소에서 차를 세웁시다.

Pararemos en la próxima gasolinera.
빠라레모쓰 엔 라 쁘록씨마 가솔리네라

저 주유소에 잠시 들렀다 가자, 기름 좀 넣어야 해.

Paremos en la gasolinera, necesito echar gasolina.
빠레모쓰 엔 라 가솔리네라, 네쎄시또 에차르 가솔리나

\# 그는 주유소에서 차에 기름을 넣고 있어요.
Está echando gasolina al coche.
에스따 에찬도 가솔리나 알 꼬체

\# 얼마치 넣을 거야?
¿Cuánto vas a echar?
꾸안또 바쓰 아 에차르?

\# 가득 채워야지.
Voy a llenarlo.
보이 아 예나를로

\# (주유기) 5번에 디젤 20유로치 주세요.
Póngale 20 euros de diésel al número cinco, por favor.
뽕갈레 베인떼 에우로쓰 데 디에셀 알 누메로 씽꼬, 뽀르 파보르

세차 & 정비

 # 세차해 주세요.
¿Podría limpiar mi coche, por favor?
뽀드리아 림삐아르 미 꼬체, 뽀르 파보르?

 # 세차하고 왁스를 발라 주세요.
¿Podría lavar y encerar el coche?
뽀드리아 라바르 이 엔쎄라르 엘 꼬체?

 # 세차 비용은 얼마인가요?
¿Cuánto cuesta lavar el coche?
꾸안또 꾸에스따 라바르 엘 꼬체?

 # 배터리를 바꿔야 돼요.
Necesito cambiar la batería.
네쎄시또 깜비아르 라 바떼리아

 # 타이어 점검해 주세요.
Por favor, necesito comprobar las ruedas.
뽀르 파보르, 네쎄시또 꼼쁘로바르 라쓰 루에다쓰

 # 엔진오일 좀 봐 주시겠어요?
Revise el aceite, por favor.
레비세 엘 아쎄이떼, 뽀르 파보르

Unidad 7 서점

서점 & 헌책방

서점 담당자는 책꽂이에서 책 한 권을 집어 들고 있다.

El responsable de la librería está cogiendo un libro de la estantería ahora mismo.
엘 레스쁜사블레 데 라 리브레리아 에스따 꼬히엔도 운 리브로 데 라 에스딴떼리아 아오라 미스모

점원이 책 운반용 카트를 밀고 가고 있다.

El empleado está empujando el carrito de libros.
엘 엠쁠레아도 에스따 엠뿌한도 엘 까리또 데 리브로쓰

책은 통틀어 다섯 권입니다.

Hay cinco libros en total.
아이 씽꼬 리브로쓰 엔 또딸

이것은 상하 두 권으로 된 책입니다.

El libro está dividido en dos volúmenes.
엘 리브로 에스따 디비디도 엔 도쓰 볼루메네쓰

이것은 5부로 된 소설입니다.

Se trata de una novela en cinco partes.
쎄 뜨라따 데 우나 노벨라 엔 씽꼬 빠르떼쓰

나는 헌책방에서 보기 드문 책을 우연히 발견했다.
Me topé con un libro raro en una librería de segunda mano.
메 또뻬 꼰 운 리브로 라로 엔 우나 리브레리아 데 쎄군다 마노

그 헌책방에서는 새 책과 중고책을 모두 판매해요.
Esta librería de segunda mano vende libros tanto nuevos como usados.
에스따 리브레리아 데 쎄군다 마노 벤데 리브로쓰 딴또 누에보쓰 꼬모 우사도쓰

책 찾기

실례지만, Arturo Pérez Reverte의 새 책 있어요?
Disculpe, ¿tiene el nuevo libro de Arturo Pérez Reverte?
디스꿀뻬, 띠에네 엘 누에보 리브로 데 알뚜로 뻬레쓰 레베르떼?

실례지만, 역사에 관한 책은 어디에 있죠?
Disculpe, ¿dónde están los libros de historia?
디스꿀뻬, 돈데 에스딴 로쓰 리브로쓰 데 이스또리아?

Capítulo 4.

책은 알파벳 순서대로 책꽂이에 꽂혀 있습니다.

Los libros están ordenados alfabéticamente en los diferentes estantes.
로쓰 리브로쓰 에스딴 오르데나도쓰 알파베띠까멘떼 엔 로쓰 디페렌떼쓰 에스딴떼쓰

책을 찾는 방법 중 하나는 책의 제목을 이용하는 것이다.

Una de las maneras de buscar los libros es por el título.
우나 데 라쓰 마네라쓰 데 부스까르 로쓰 리브로쓰 에쓰 뽀르 엘 띠뚤로

그 책 출판사가 어디인지 아세요?

¿Sabe qué editorial publica ese libro?
싸베 께 에디또리알 뿌블리까 에세 리브로?

원하시는 책 제목을 알려 주시겠어요?

¿Me podría dar el título del libro que desea?
메 뽀드리아 다르 엘 띠뚤로 델 리브로 께 데세아?

책 제목이 뭐예요?

¿Cuál es el título del libro?
꾸알 에쓰 엘 띠뚤로 델 리브로?

제가 찾고 있는 책을 찾을 수가 없어서요.

No puedo encontrar el libro que estoy buscando.
노 뿌에도 엥꼰뜨라르 엘 리브로 께 에스또이 부스깐도

〈중국의 역사〉가 있는지 알아보려고 전화했어요.

Estoy llamando para ver si tienen alguna copia de La Historia de China.
에스또이 야만도 빠라 베르 씨 띠에넨 알구나 꼬삐아 데 라 이스또리아 데 치나

그 책은 언제 나왔습니까?

¿Cuándo ha salido este libro?
꾸안도 아 쌀리도 에스떼 리브로?

그 책은 곧 출간됩니다.

El libro será puesto a la venta muy pronto.
엘 리브로 쎄라 뿌에스또 아 라 벤따 무이 쁘론또

이 책은 지난주에 출판된 거예요.

Este libro lo publicó la editorial la semana pasada.
에스떼 리브로 로 뿌블리꼬 라 에디또리알 라 쎄마나 빠사다

이 소설은 막 나온 신간입니다.

Acaban de imprimir este libro.
아까반 데 임쁘리미르 에스떼 리브로

이 책은 9월에 출간되었어요.

El libro salió en septiembre.
엘 리브로 쌀리오 엔 쎕띠엠브레

Capítulo 4.

이것들은 최근에 출판된 책들입니다.

Estos son los libros recientemente publicados.
에스또쓰 쏜 로쓰 리브로쓰 레씨엔떼멘떼 뿌블리까도쓰

이 책은 절판되었습니다.

No van a realizar más publicaciones de este libro.
노 반 아 레알리싸르 마쓰 뿌블리까씨오네쓰 데 에스떼 리브로

이 책은 전면 개정된 것입니다.

Este libro ha sido completamente revisado.
에스떼 리브로 아 씨도 꼼쁠레따멘떼 레비사도

이 책은 저자 미상의 책인데요.

Se trata de un libro de autor desconocido.
쎄 뜨라따 데 운 리브로 데 아우또르 데스꼬노씨도

그 책을 가져다주시겠어요?

¿Me traen aquel libro, por favor?
메 뜨라엔 아껠 리브로, 뽀르 파보르?

그 책 어디에서 났어요?

¿De dónde sacaste el libro?
데 돈데 싸까스떼 엘 리브로?

도서 구입

13유로 하는 책을 한 권 샀죠.

El libro que compré costaba 13 euros.
엘 리브로 께 꼼쁘레 꼬스따바 뜨레쎄 에우로쓰

그 책은 20유로쯤 할 걸요.

El libro va a costar unos 20 euros.
엘 리브로 바 아 꼬스따르 우노쓰 베인떼 에우로쓰

(책이) 뭐가 그리 비싸요?

¿Por qué es (el libro) tan caro?
뽀르 께 에쓰 (엘 리브로) 딴 까로?

30%나 할인하길래 책을 충동구매해 버렸죠.

Compré los libros por impulso, ya que estaban al 30 por ciento de descuento.
꼼쁘레 로쓰 리브로쓰 뽀르 임뿔소, 야 께 에스따반 알 뜨레인따 뽀르 씨엔또 데 데스꾸엔또

#원래 15유로인데, 책 한 권당 20% 할인해 드립니다.

Inicialmente costaba 15 euros, pero le damos un 20 por ciento de descuento por libro.
이니씨알멘떼 꼬스따바 낀쎄 에우로쓰, 뻬로 레 다모쓰 운 베인떼 뽀르 씨엔또 데 데스꾸엔또 뽀르 리브로

#책은 우편으로 보내 드리겠습니다.

El libro le será enviado por correo.
엘 리브로 레 쎄라 엠비아도 뽀르 꼬레오

#파본은 교환해 드립니다.

Cambiaremos el libro si las páginas tienen algún desperfecto.
깜비아레모쓰 엘 리브로 씨 라쓰 빠히나쓰 띠에넨 알군 데스뻬르펙또

인터넷 서점

#온라인으로 책을 구입하는 것은 서점에 들르는 횟수가 적어져 수고가 줄어듭니다.

Comprar libros online es más conveniente, ya que evita ir a las librerías a por ellos.
꼼쁘라르 리브로쓰 온라인 에쓰 마쓰 꼼베니엔떼, 야 께 에비따 이르 아 라쓰 리브레리아쓰 아 뽀르 에요쓰

#그 책의 주문을 취소했다.

Cancelé el pedido del libro.
깐쎌레 엘 뻬디도 델 리브로

#책 두 권을 주문했습니다.

Pedí dos libros.
뻬디 도쓰 리브로쓰

He hecho un pedido de dos libros.
에 에초 운 뻬디도 데 도쓰 리브로쓰

#그 책은 주문 중이에요.

El libro está ya pedido.
엘 리브로 에스따 야 뻬디도

#그 책 좀 저를 위해 주문해 주시겠어요?

¿Podría pedirme un libro?
뽀드리아 뻬디르메 운 리브로?

#우편 요금은 책값과 함께 보내 주세요.

Por favor, envíenos los libros indicándonos su precio y sus gastos de envío.
뽀르 파보르, 엠비에노쓰 로쓰 리브로쓰 인디깐도노쓰 쑤 쁘레씨오 이 쑤쓰 가스또쓰 데 엠비오

Unidad 8 도서관 & 미술관 & 박물관 MP3.C04_U08

도서관

\# 도서관은 30분 후에 문을 닫습니다.
La biblioteca cierra en 30 minutos.
라 비블리오떼까 씨에라 엔 뜨레인따 미누또쓰

\# 이 도서관에는 책이 3만 권쯤 있을 걸.
Supongo que esta biblioteca puede tener unos 30 mil libros.
쑤뽕고 께 에스따 비블리오떼까 뿌에데 떼네르 우노쓰 뜨레인따 밀 리브로쓰

\# 도서관의 책을 예약했다.
Reservé un libro en la biblioteca.
레세르베 운 리브로 엔 라 비블리오떼까

\# 네가 찾는 책은 도서관에 있어.
El libro que estás buscando está en la biblioteca.
엘 리브로 께 에스따쓰 부스깐도 에스따 엔 라 비블리오떼까

\# 그는 도서관에 책을 기증했습니다.
Donó libros a la biblioteca.
도노 리브로쓰 아 라 비블리오떼까

\# 그 책은 다른 건물 5층에 있습니다.
Ese libro está en la planta 5ª del otro edificio.
에세 리브로 에스따 엔 라 쁠란따 낀따 델 오뜨로 에디피씨오

#그는 도서관에서 책을 빌리고 있었다.
Estaba pidiendo prestados libros de la biblioteca.
에스따바 삐디엔도 쁘레스따도쓰 리브로쓰 데 라 비블리오떼까

#우리는 도서관에서 책을 읽고 있었어.
Estábamos leyendo libros en la biblioteca.
에스따바모쓰 레옌도 리브로쓰 엔 라 비블리오떼까

#사서가 책꽂이에 책을 꽂고 있었다.
El bibliotecario estaba colocando los libros en los estantes.
엘 비블리오떼까리오 에스따바 꼴로깐도 로쓰 리브로쓰 엔 로쓰 에스딴떼쓰

#도서관 책꽂이에는 책이 가득 꽂혀 있다.
Todos los estantes de la biblioteca están llenos de libros.
또도쓰 로쓰 에스딴떼쓰 데 라 비블리오떼까 에스딴 예노쓰 데 리브로쓰

#Ricardo는 도서관에서 책을 찾고 있었지.
Ricardo estaba buscando un libro en la biblioteca.
리까르도 에스따바 부스깐도 운 리브로 엔 라 비블리오떼까

도서관에 있는 책들이 잘 정리되어 책들을 찾기가 쉬워졌다.
La disposición cuidadosa de libros en la biblioteca hizo que fueran fáciles de encontrar.
라 디스뽀시씨온 꾸이다도사 데 리브로쓰 엔 라 비블리오떼까 이쏘 께 푸에란 파씰레쓰 데 엥꼰뜨라르

도서관 카드를 만들고 싶은데요.
Me gustaría sacarme el carnet de la biblioteca.
메 구스따리아 싸까르메 엘 까르넷 데 라 비블리오떼까

도서 대출

대출하실 책은 대출계로 가져오세요.
Por favor, traigan los libros que deseen que le presten.
뽀르 파보르, 뜨라이간 로쓰 리브로쓰 께 데세엔 께 레 쁘레스뗀

어떤 종류의 책을 대출하시겠습니까?
¿Qué tipo de libros le gustaría que le prestaran?
께 띠뽀 데 리브로쓰 레 구스따리아 께 레 쁘레스따란?

Capítulo 4.

317

\# 책의 대출과 반납에 대해 설명해 주세요.

Me gustaría que me explicaran cómo funciona el préstamo y la devolución de libros.
메 구스따리아 께 메 엑쓰쁠리까란 꼬모 푼씨오나 엘 쁘레스따모 이 라 데볼루씨온 데 리브로쓰

\# 책은 다섯 권까지 대출할 수 있습니다.

Hay un límite de 5 libros prestados a la vez.
아이 운 리미떼 데 씽꼬 리브로쓰 쁘레스따도쓰 아 라 베쓰

\# 저는 이 네 권을 대출하려고요.

Me gustaría coger prestados estos cuatro libros.
메 구스따리아 꼬헤르 쁘레스따도쓰 에스또쓰 꾸아뜨로 리브로쓰

\# 책을 대출하려면 어떻게 해야 되죠?

¿Cómo puedo coger un libro?
꼬모 뿌에도 꼬헤르 운 리브로?

\# 책을 빌리려면 열람 카드가 필요하다.

El carnet de la biblioteca es el requisito principal para que le presten un libro.
엘 까르넷 데 라 비블리오떼까 에쓰 엘 레끼시또 쁘린씨빨 빠라 께 레 쁘레스뗀 운 리브로

도서 반납

도서관 책은 내일 아침 9시까지 반납되어야 해.

Estos libros de la biblioteca tienen que ser devueltos mañana a las 9 de la mañana.
에스또쓰 리브로쓰 데 라 비블리오떼까 띠에넨 께 쎄르 데부엘또쓰 마냐나 아 라쓰 누에베 데 라 마냐나

오늘까지 반납해야 할 책이 있어서 도서관에 가야 해.

Durante el día tengo que ir a la biblioteca para devolver unos libros.
두란떼 엘 디아 뗑고 께 이르 아 라 비블리오떼까 빠라 데볼베르 우노쓰 리브로쓰

책을 반납하려고 왔는데요.

He venido aquí para devolver este libro.
에 베니도 아끼 빠라 데볼베르 에스떼 리브로

책은 10일 안에 반납해야 합니다.

Cada libro debe ser devuelto en un plazo de 10 días.
까다 리브로 데베 쎄르 데부엘또 엔 운 쁠라쏘 데 디에쓰 디아쓰

Capítulo 4.

\# 그 책은 대출되었습니다. 다음 주 월요일에 반납됩니다.

Está prestado actualmente. Será devuelto al próximo lunes.
에스따 쁘레스따도 악뚜알멘떼. 쎄라 데부엘또 알 쁘록씨모 루네쓰

\# 기한이 지난 책을 반납하려고요.

Voy a devolver estos libros, que me ha vencido el tiempo de devolución.
보이 아 데볼베르 에스또쓰 리브로쓰, 께 메 아 벤씨도 엘 띠엠뽀 데 데볼루씨온

도서 연체 & 대출 연장

\# 책 한 권에 하루 50센트씩 벌금을 내셔야 합니다.

Hay una multa de 50 céntimos por libro y día.
아이 우나 물따 데 씽꾸엔따 쎈띠모쓰 뽀르 리브로 이 디아

\# 도서관에서는 책을 기한 내에 반납하지 않는 사람들에게 연체료를 물린다.

La biblioteca multará a las personas por no devolver los libros antes de su fecha de vencimiento.
라 비블리오떼까 물따라 아 라쓰 뻬르소나쓰 뽀르 노 데볼베르 로쓰 리브로쓰 안떼쓰 데 쑤 페차 데 벤씨미엔또

이 책은 반납 기한이 한 달이나 지났어요.

Este libro tiene más de un mes de retraso.
에스떼 리브로 띠에네 마쓰 데 운 메쓰 데 레뜨라소

책의 반납일을 다른 날로 연장했다.

Renové el préstamo del libro, en la biblioteca, por otro día.
레노베 엘 쁘레스따모 델 리브로, 엔 라 비블리오떼까, 뽀르 오뜨로 디아

오늘이 반납일인데 책 대출 기한을 연장하고 싶어요.

Me gustaría renovar el préstamo del libro que tengo que entregar hoy.
메 구스따리아 레노바르 엘 쁘레스따모 델 리브로 께 뗑고 께 엔뜨레가르 오이

미술관 & 박물관

이번 주말에 나랑 미술관에 갈래?

¿Me acompañarás al museo este fin de semana?
메 아꼼빠냐라쓰 알 무세오 에스떼 핀 데 쎄마나?

프라도 미술관은 무슨 요일에 문을 닫나요?

¿Qué día cierra el Museo del Prado?
께 디아 씨에라 엘 무세오 델 쁘라도?

\# 국립 미술관에서는 지금 추상파 전시회가 열리고 있어요.

Ahora hay una exposición abstracta en el Museo Nacional.
아오라 아이 우나 엑쓰뽀시씨온 압스뜨락따 엔 엘 무세오 나씨오날

\# 이 미술관에는 볼 만한 것이 아무것도 없네.

No hay nada que ver en este museo.
노 아이 나다 께 베르 엔 에스떼 무세오

\# 박물관 입장권을 사고 싶은데요.

Me gustaría comprar entradas para el museo.
메 구스따리아 꼼쁘라르 엔뜨라다쓰 빠라 엘 무세오

\# 그 박물관은 연중 개관이다.

El museo está abierto todo el año.
엘 무세오 에스따 아비에르또 또도 엘 아뇨

\# 모처럼 왔는데, 박물관이 휴관이라 매우 실망했어.

Aunque fui a visitar el museo durante todo el día, para mi gran decepción, estaba cerrado.
아운께 푸이 아 비시따르 엘 무세오 두란떼 또도 엘 디아, 빠라 미 그란 데쎕씨온, 에스따바 쎄라도

Unidad 9 놀이동산 & 헬스클럽　　MP3.C04_U09

놀이동산

\# 놀이동산에 가는 걸 좋아하니?
¿Te gusta ir al parque de atracciones?
떼 구스따 이르 알 빠르께 데 아뜨락씨오네쓰?

\# 어떤 놀이 기구를 좋아해?
¿Qué tipo de atracciones te gustan?
께 띠뽀 데 아뜨락씨오네쓰 떼 구스딴?

\# 난 놀이 기구 타는 게 겁이 나.
Tengo miedo a montar en las atracciones.
뗑고 미에도 아 몬따르 엔 라쓰 아뜨락씨오네쓰

\# 롤러코스터 타는 거 무섭지 않아?
¿No estás asustado por montar en la montaña rusa?
노 에스따쓰 아수스따도 뽀르 몬따르 엔 라 몬따냐 루사?

\# 이 티켓을 가지면 놀이동산의 모든 곳을 입장할 수 있다.
El portador de la entrada tiene derecho a entrar en todas las áreas del parque de atracciones.
엘 뽀르따도르 데 라 엔뜨라다 띠에네 데레초 아 엔뜨라르 엔 또다쓰 라쓰 아레아쓰 델 빠르께 데 아뜨락씨오네쓰

헬스클럽 등록

#헬스클럽에 가입했다면서요?
(당신이 헬스클럽에 가입했다고 들었어요.)

Me dijeron que se apuntó a un gimnasio.
메 디헤론 께 쎄 아뿐또 아 운 힘나시오

#다음 달에는 헬스클럽에 등록해야지.

Me voy a apuntar al gimnasio el próximo mes.
메 보이 아 아뿐따르 알 힘나시오 엘 쁘록씨모 메쓰

#새로 가입한 헬스클럽은 어때?

¿Qué opinas del nuevo gimnasio al que te has apuntado?
께 오삐나쓰 델 누에보 힘나시오 알 께 떼 아쓰 아뿐따도?

#나는 퇴근 후 보통 헬스클럽에 가서 1시간 운동하고 (그 후) 친구들을 만난다.

Después del trabajo, suelo ir al gimnasio para hacer ejercicio durante una hora y luego me quedo con los amigos.
데스뿌에쓰 델 뜨라바호, 쑤엘로 이르 알 힘나시오 빠라 아쎄르 에헤르씨씨오 두란떼 우나 오라 이 루에고 메 께도 꼰 로쓰 아미고쓰

\# 헬스클럽의 회원 자격이 다음 달에 종료된다.

El próximo mes termina el período como miembro del club de fitness.
엘 쁘록씨모 메스 떼르미나 엘 뻬리오도 꼬모 미엠브로 델 끌룹 데 핏네쓰

헬스클럽 이용

\# 헬스클럽에 가자.

Vamos a ir al gimnasio.
바모쓰 아 이르 알 힘나시오

\# 헬스클럽에 얼마나 자주 가니?

¿Con qué frecuencia vas al gimnasio?
꼰 께 프레꾸엔씨아 바쓰 알 힘나시오?

\# (너) 요즘 헬스클럽에서 통 안 보이던데.

No te he visto en el gimnasio últimamente.
노 떼 에 비스또 엔 엘 힘나시오 울띠마멘떼

\# 마지막으로 헬스클럽에 간 게 언제니?

¿Cuándo fue la última vez que fuiste al gimnasio?
꾸안도 푸에 라 울띠마 베쓰 께 푸이스떼 알 힘나시오?

#David는 헬스클럽에서 운동을 하며 땀을 흘렸다.

David trabaja mucho en el gimnasio, por eso suda tanto en él.
다빈 뜨라바하 무초 엔 엘 힘나시오, 뽀르 에소 쑤다 딴또 엔 엘

#근육 멋있네! 운동하니?

¡Qué músculos más grandes!
께 무스꿀로쓰 마쓰 그란데쓰!
¿Vas a un gimnasio?
바쓰 아 운 힘나시오?

Unidad 10 영화관 & 공연장　　MP3.C04_U10

영화관

#기분 전환하러 영화 보러 가자.
Vamos a ir a ver una película para tomar el aire
바모쓰 아 이르 아 베르 우나 뻴리꿀라 빠라 또마르 엘 아이레

#영화관 앞에서 6시 30분에 만나요.
Nos encontraremos en frente del cine a las 6:30.
노쓰 엥꼰뜨라레모쓰 엔 프렌떼 델 씨네 아 라쓰 쎄이쓰 이 메디아

#이건 영화관으로 들어가는 줄이에요.
Esta es la cola para entrar en el cine.
에스따 에쓰 라 꼴라 빠라 엔뜨라르 엔 엘 씨네

#영화관에 너무 늦게 도착해서 영화를 처음부터 못 봤어요.
Llegué al cine demasiado tarde, por eso no pude ver la película desde el principio.
예게 알 씨네 데마시아도 따르데, 뽀르 에소 노 뿌데 베르 라 뻴리꿀라 데스데 엘 쁘린씨삐오

#영화관이 초만원이었다.
El teatro estaba abarrotado.
엘 떼아뜨로 에스따바 아바로따도

\# 가장 가까운
영화관이 어디에
있습니까?

¿Dónde está el cine más cercano?
돈데 에스따 엘 씨네 마쓰 쎄르까노?

\# 어느 영화관으로
갈거야?

¿A qué cine vas?
아 께 씨네 바쓰

영화표

\# 아직 그 영화표
구입이 가능한가요?

¿Las entradas para la película todavía están disponibles?
라쓰 엔뜨라다쓰 빠라 라 뻴리꿀라 또다비아 에스딴 디스뽀니블레쓰?

\# 그는 영화표를
사려고 줄을 서서
기다렸다.

Esperó en la fila para comprar las entradas del cine.
에스뻬로 엔 라 필라 빠라 꼼쁘라르 라쓰 엔뜨라다쓰 델 씨네

7시 영화표 두 장 주세요.

Dos entradas para las 7, por favor.
도쓰 엔뜨라다쓰 빠라 라쓰 씨에떼, 뽀르 파보르

Me gustaría comprar dos entradas para las 7, por favor.
메 구스따리아 꼼쁘라르 도쓰 엔뜨라다쓰 빠라 라쓰 씨에떼, 뽀르 파보르

Quiero comprar dos entradas para las 7.
끼에로 꼼쁘라르 도쓰 엔뜨라다쓰 빠라 라쓰 씨에떼

7시 표가 남았나요?

¿Tiene algunas entradas para las 7?
띠에네 알구나쓰 엔뜨라다쓰 빠라 라쓰 씨에떼?

영화표 샀니?

¿Has comprado las entradas?
아쓰 꼼쁘라도 라쓰 엔뜨라다쓰?

죄송하지만, 매진입니다.

Lo sentimos, están agotadas.
로 쎈띠모쓰, 에스딴 아고따다쓰

\# 주말 영화표를 예매할 걸 그랬나?

¿Deberíamos haber hecho una reserva para ir al cine el fin de semana?
데베리아모쓰 아베르 에초 우나 레세르바 빠라 이르 알 씨네 엘 핀 데 쎄마나?

영화관에서의 에티켓

\# 영화관에서는 음식을 먹을 수 없습니다.

No está permitido comer en el cine.
노 에스따 뻬르미띠도 꼬메르 엔 엘 씨네

\# 영화 시작 전에 휴대전화를 꺼 두세요.

Apague su móvil antes de comenzar la película.
아빠게 쑤 모빌 안떼쓰 데 꼬멘싸르 라 뻴리꿀라

\# 앞좌석의 의자를 발로 차지 마세요.

Haga el favor de no golpear el asiento delantero.
아가 엘 파보르 데 노 골뻬아르 엘 아씨엔또 델란떼로

\# 상영 중 촬영은 금물입니다.

No haga fotos durante la proyección de la película.
노 아가 포또쓰 두란떼 라 쁘로옉씨온 데 라 뻴리꿀라

앞사람 때문에 화면이 잘 안 보여요.
No puedo ver por el hombre que tengo delante.
노 뿌에도 베르 뽀르 엘 옴브레 께 뗑고 델란떼

옆사람한테 조용히 해 달라고 말 좀 해주세요.
Dígale a la persona de su lado que se calle.
디갈레 아 라 뻬르소나 데 쑤 라도 께 쎄 까예

옆으로 좀 옮겨 주실래요?
¿Puede moverse al siguiente asiento?
뿌에데 모베르세 알 씨기엔떼 아씨엔또?

콘서트장

남아있는 콘서트 표가 있습니까?
¿Quedan entradas para el concierto?
께단 엔뜨라다쓰 빠라 엘 꼰씨에르또?

다음 주에 나랑 같이 콘서트 갈래?
¿Quieres ir a un concierto conmigo la próxima semana?
끼에레쓰 이르 아 운 꼰씨에르또 꼰미고 라 쁘록씨마 쎄마나?

너무 가 보고 싶어. 콘서트 안 가본 지 몇 년은 된 것 같아.
Me encantaría, no he estado en un concierto desde hace años.
메 엥깐따리아, 노 에 에스따도 엔 운 꼰씨에르또 데스데 아쎄 아뇨쓰

Capítulo 4.

그 가수의 콘서트 표는 매진되었다.
Están agotadas las entradas para aquel cantante.
에스딴 아고따다쓰 라쓰 엔뜨라다쓰 빠라 아껠 깐딴떼

실례지만, 이 줄이 표를 사는 줄이 맞나요?
Perdone, ¿es esta la cola para las entradas del concierto?
뻬르도네, 에쓰 에스따 라 꼴라 빠라 라쓰 엔뜨라다쓰 델 꼰씨에르또?

기타 공연

그 연극은 지금 국립극장에서 공연 중이에요.
La obra se representa en el Teatro Nacional en estos días.
라 오브라 쎄 레쁘레센따 엔 엘 떼아뜨로 나씨오날 엔 에스또쓰 디아쓰

입장권은 14번가 극장 매표소에서 구입할 수 있어요.
Las entradas están disponibles en la taquilla del teatro de la calle 14.
라쓰 엔뜨라다쓰 에스딴 디스뽀니블레쓰 엔 라 따끼야 델 떼아뜨로 데 라 까예 까또르쎄

이 극장에서 자선 공연이 있을 것이다.
Habrá una función benéfica en el teatro.
아브라 우나 푼씨온 베네피까 엔 엘 떼아뜨로

저녁에 외식하고 뮤지컬이나 봐요.

Vamos a salir a cenar y luego a ver un musical.
바모쓰 아 쌀리르 아 쎄나르 이 루에고 아 베르 운 무시깔

뮤지컬이 20분 후에 시작해요.

El musical comienza en 20 minutos.
엘 무시깔 꼬미엔싸 엔 베인떼 미누또쓰

Unidad 11 술집 & 클럽   MP3. C04_U11

술집

#나는 퇴근 후에 종종 술집에 들른다.

A menudo visito un bar después del trabajo.
아 메누도 비시또 운 바르 데스뿌에스 델 뜨라바호

#이 술집은 제 단골집이에요.
(이 술집은 제가 업무와 단절될 수 있는 곳이에요.)

El bar es mi lugar para desconectar.
엘 바르 에쓰 미 루가르 빠라 데스꼬넥따르

#우리 술 한잔 할까?

¿Vamos a tomar una copa?
바모쓰 아 또마르 우나 꼬빠?

#맥주 맛도 기가 막히고 생음악도 있는데.

Hay una excelente cerveza y música en vivo.
아이 우나 엑쓰쎌렌떼 쎄르베싸 이 무시까 엔 비보

#이 술집 괜찮은데.

Este es un bar bastante decente.
에스떼 에쓰 운 바르 바스딴떼 데쎈떼

| # 스페인은 어떤 술집에서도 담배를 피울 수 없어요. | En España, no se puede fumar en cualquier bar.
엔 에스빠냐, 노 쎄 뿌에데 푸마르 엔 꾸알끼에르 바르 |

| # 이 술집은 일요일마다 라이브 재즈 공연이 있어요. | Este bar tiene conciertos de jazz los domingos.
에스떼 바르 띠에네 꼰씨에르또쓰 데 자쓰 로쓰 도밍고쓰 |

술 약속 잡기

| # 저 술집에 가서 맥주 한잔 합시다. | Vamos a tomar unas cervezas en aquel bar.
바모쓰 아 또마르 우나쓰 쎄르베싸쓰 엔 아껠 바르 |

| # 오늘 밤에 술집 갈래요? | ¿Qué hay de ir a un bar esta noche?
께 아이 데 이르 아 운 바르 에스따 노체? |

| # 술집에 가서 술이나 한잔 하자. | Vamos a ir a un bar y tomar una copa.
바모쓰 아 이르 아 운 바르 이 또마르 우나 꼬빠 |

| # 집에 가는 길에 맥주 한잔 하자. | De camino a casa, vamos a ir a tomar una cerveza.
데 까미노 아 까사, 바모쓰 아 이르 아 또마르 우나 쎄르베싸 |

일 끝나면 맥주 한잔 마시려고요.
Cuando hayamos terminado, me voy a tomar una cerveza.
꾸안도 아야모쓰 떼르미나도, 메 보이 아 또마르 우나 쎄르베싸

맥주 한잔 하죠!
¡Vamos a tomar una cerveza!
바모쓰 아 또마르 우나 쎄르베싸!

집에 가기 전에 긴장도 풀 겸 맥주나 한잔 하자.
Vamos a tomar una cerveza para relajarnos antes de volver a casa.
바모쓰 아 또마르 우나 쎄르베싸 빠라 렐라하르노쓰 안떼쓰 데 볼베르 아 까사

술 권하기

건배!
¡Salud!
쌀룻!
¡Chin chin!
친 친!

건배합시다.
Brindemos.
브린데모쓰

뭘 위해 건배할까요?

¿Por qué brindamos?
뽀르 께 브린다모쓰?

한 잔 더 주세요.

Rellénemela, por favor.
레예네멜라, 뽀르 파보르

한 잔 더 할래?

¿Quieres una más?
끼에레쓰 우나 마쓰?

좀 더 마시자!

¡Vamos, tomamos otra más!
바모쓰, 또마모쓰 오뜨라 마쓰!

술 고르기

술은 뭘로 할래요?

¿Qué quieres beber?
께 끼에레쓰 베베르?

우선 술부터 시킬까?

¿Primero vamos a pedir las copas?
쁘리메로 바모쓰 아 뻬디르 라쓰 꼬빠쓰?

맥주를 더 할래, 아니면 위스키를 마실까?

¿Quieres otra cerveza o un whisky?
끼에레쓰 오뜨라 쎄르베싸 오 운 위스끼?

다시 생각해 보니 맥주가 좋겠네요.

Pensándolo bien, que sea una cerveza.
뻰산돌로 비엔, 께 쎄아 우나 쎄르베싸

위스키에 콜라를 타 주세요.

Por favor, ponme un whisky con Coca-Cola.
뽀르 파보르, 뽄메 운 위스끼 꼰 꼬까꼴라

위스키에 물을 타 줄래요?

¿Podría ponerme un whisky con agua, por favor?
뽀드리아 뽀네르메 운 위스끼 꼰 아구아, 뽀르 파보르?

클럽

클럽에 가서 춤추는 건 어때?
(왜 클럽 가서 춤추지 않니?)

¿Por qué no vas a bailar a una discoteca?
뽀르 께 노 바쓰 아 바일라르 아 우나 디스꼬떼까?

그 클럽은 몇 시에 열지?

¿Cuándo se abre el bareto?
꾸안도 쎄 아브레 엘 바레또?

그 클럽 입장료가 얼마야?

¿Cuánto cuesta entrar en esta discoteca?
꾸안또 꾸에스따 엔뜨라르 엔 에스따 디스꼬떼까?

요즘 뜨는 클럽이 어디야?

¿Qué garito está de moda en estos días?
께 가리또 에스따 데 모다 엔 에스또쓰 디아쓰?

오늘 클럽에 가서 신나게 놀자.

Vamos a salir por la ciudad esta noche.
바모쓰 아 쌀리르 뽀르 라 씨우닫 에스따 노체

Unidad 12 파티

파티 전

\# 파티 준비는 잘되어 가니?
¿Cómo va la preparación de la fiesta?
꼬모 바 라 쁘레빠라씨온 데 라 피에스따?

\# 파티 준비에는 많은 어려움이 있었다.
Tuve muchos problemas para preparar la fiesta.
뚜베 무초쓰 쁘로블레마쓰 빠라 쁘레빠라르 라 피에스따

\# 우리는 Laura를 위해 깜짝 파티를 계획하고 있어.
Estamos planeando una fiesta sorpresa para Laura.
에스따모쓰 쁠라네안도 우나 피에스따 쏘르쁘레사 빠라 라우라

\# 파티에 뭘 입고 갈까?
¿Qué debo llevar a la fiesta?
께 데보 예바르 아 라 피에스따?

\# 파티에 제가 가져갈 게 있나요?
¿Tengo que llevar algo a la fiesta?
뗑고 께 예바르 알고 아 라 피에스따?

\# 파티에 함께 갈 파트너가 없어.
No tengo ningún acompañante para ir a la fiesta.
노 뗑고 닝군 아꼼빠냔떼 빠라 이르 아 라 피에스따

| # 어디에서 파티하지? | ¿Dónde será la fiesta?
돈데 쎄라 라 피에스따? |

파티 초대

| # 파티에 올래? | ¿Quieres venir a mi fiesta?
끼에레쓰 베니르 아 미 피에스따? |

| # 나 파티에 갈 거야.
(나 파티에 나를 기록했어.) | Me apunto a la fiesta.
메 아뿐또 아 라 피에스따 |

| # Nuria는 날 파티에 초대해 줬어. | Nuria me invitó a la fiesta.
누리아 메 임비또 아 라 피에스따 |

| # 이번주 토요일이 Sandra의 생일이야. | Este sábado es el cumpleaños de Sandra.
에스떼 싸바도 에쓰 엘 꿈쁠레아뇨쓰 데 싼드라 |

Capítulo 4.

#Andrea는 초대하고 싶지 않아. 왜냐하면 걔는 항상 파티의 흥을 깨잖아.	**No quiero invitar a Andrea porque siempre corta el rollo a todo el mundo.** 노 끼에로 임비따르 아 안드레아 뽀르께 씨엠쁘레 꼬르따 엘 로요 아 또도 엘 문도
#이 파티는 초대장을 받은 사람만 올 수 있어요.	**A esta fiesta solo se puede acudir con invitación.** 아 에스따 피에스따, 쏠로 쎄 뿌에데 아꾸디르 꼰 임비따씨온

파티 후

#파티가 끝내줬어.	**Esa fue una gran fiesta.** 에사 푸에 우나 그란 피에스따
#정말 최고의 파티였어요.	**La fiesta fue lo mejor que pude hacer.** 라 피에스따 푸에 로 메호르 께 뿌데 아쎄르
#파티는 정말 재미있었어요.	**La fiesta fue muy divertida.** 라 피에스따 푸에 무이 디베르띠다

\# 파티가 지루해서 따분해 죽겠는데.
La fiesta es aburrida hasta la muerte.
라 피에스따 에쓰 아부리다 아스따 라 무에르떼

\# 파티가 정말 근사했어.
La fiesta fue fabulosa.
라 피에스따 푸에 파불로사

\# 파티가 완전 엉망으로 끝났어.
La fiesta fue un desastre total.
라 피에스따 푸에 운 데사스뜨레 또딸

\# 파티가 보잘 것 없던데.
La fiesta fue muy aburrida.
라 피에스따 푸에 무이 아부리다

다양한 파티

\# 그녀는 집들이 파티를 토요일에 할 거야.
La fiesta de inauguración será el sábado.
라 피에스따 데 이나우구라씨온 쎄라 엘 싸바도

내 생일 파티에 초대할게.

Me gustaría invitarte a mi fiesta de cumpleaños.
메 구스따리아 임비따르떼 아 미 피에스따 데 꿈쁠레아뇨쓰

Ven a mi fiesta de cumpleaños.
벤 아 미 피에스따 데 꿈쁠레아뇨쓰

누가 댄스 파티를 주관해?

¿Quién está organizando el baile de la fiesta?
끼엔 에스따 오르가니싼도 엘 바일레 데 라 피에스따?

Samuel에게 송별 파티를 열어 주는 건 어때(너희들 생각은)?

¿Qué os parece si hacemos una fiesta de despedida a Samuel?
께 오쓰 빠레쎄 씨 아쎄모쓰 우나 피에스따 데 데스뻬디다 아 싸무엘?

이건 자기가 마실 음료는 본인이 들고 가는 파티라고.

En esta fiesta debes llevar tu propia bebida.
엔 에스떼 피에스따 데베쓰 에바르 뚜 쁘로삐아 베비다

결국 졸업생 파티에 오기로 했구나.

Por fin, has decidido venir a la fiesta de graduación.
뽀르 핀, 아쓰 데씨디도 베니르 아 라 피에스따 데 그라두아씨온

크리스마스 파티에 올 거야?

¿Vas a venir a la fiesta de Navidad?
바쓰 아 베니르 아 라 피에스따 데 나비닫?

\# 핼러윈 파티에 아이들을 데리고 오세요.
Lleve a sus hijos a la fiesta de Halloween.
예베 아 쑤쓰 이호쓰 아 라 피에스따 데 할로윈

\# 12월 31일에 Sol 광장에 갈 거니?
¿Vas a Sol en Nochevieja?
바쓰 아 쏠 엔 노체비에하?

\# 남자들끼리 총각 파티를 할 예정이다.
Los chicos organizarán la despedida de soltero del novio.
로쓰 치꼬쓰 오르가니싸란 라 데스뻬디다 데 쏠떼로 델 노비오

\# 그녀는 날 파자마 파티에 초대했어.
Me invitó a una fiesta de pijamas.
메 임비또 아 우나 피에스따 데 삐하마쓰

\# Ana를 위해서 신부 파티를 열어 줄 거야.
Estamos preparando la despedida de soltera de Ana.
에스따모쓰 쁘레빠란도 라 데스뻬디다 데 쏠떼라 데 아나

Capítulo 4.

Capítulo 5
식재료

음식점에서 주문하거나
시장이나 마트에서 음식 재료를 살 때,
무슨 말을 어떻게 해야 할지 고민인가요?
이럴 때 필요한 표현을 찾아서 말해 보세요!

Unidad 1   음식점
Unidad 2   시장 가기
Unidad 3   대형 마트 & 슈퍼마켓
Unidad 4   요리하기

Words

□ **restaurante** 레스따우란떼
m. 음식점, 식당

□ **menú** 메누
m. 차림표, 식단, 메뉴

□ **comida** 꼬미다
f. 음식, 식사

□ **postre** 뽀스뜨레
m. 디저트, 후식

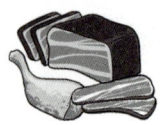
□ **carne** 까르네
f. 고기

□ **pescado** 뻬스까도
m. 생선

□ **verdura** 베르두라
f. 야채, 채소

□ **fruta** 프루따
f. 과일

☐ **cafetería** 까페떼리아
f. 카페, 커피숍

☐ **café** 까페
m. 커피

☐ **tienda** 띠엔다
f. 가게, 상점

☐ **mercado** 메르까도
m. 시장

☐ **supermercado**
쑤뻬르메르까도
m. 슈퍼마켓, 마트

☐ **grandes almacenes**
그란데쓰 알마쎄네쓰
백화점

☐ **comprar** 꼼쁘라르
v. 사다, 구입하다

☐ **vender** 벤데르
v. 팔다

Unidad 1 음식점

MP3. C05_U01

음식점 추천

\# 간단하게 식사하고 싶은데요.

Me gustaría comer algo ligero.
메 구스따리아 꼬메르 알고 리헤로

\# 이 근처에 맛있게 하는 음식점 있나요?

¿Hay un buen restaurante por aquí?
아이 운 부엔 레스따우란떼 뽀르 아끼?

\# 근처의 괜찮은 식당을 좀 추천해 주시겠어요?

¿Me recomendaría un buen restaurante cerca de aquí?
메 레꼬멘다리아 운 부엔 레스따우란떼 쎄르까 데 아끼?

\# 이 시간에 문을 연 가게가 있습니까?

¿Hay algún restaurante abierto a estas horas?
아이 알군 레스따우란떼 아비에르또 아 에스따쓰 오라쓰?

\# 식당이 많은 곳은 어디인가요?

¿Dónde está la principal zona de los restaurantes?
돈데 에스따 라 쁘린씨빨 쏘나 데 로쓰 레스따우란떼쓰?

\# 어떤 종류의 식당을 원하시나요?

¿Qué tipo de restaurante preferiría?
께 띠뽀 데 레스따우란떼 쁘레페리리아?

식당 예약

제가 레스토랑을 예약할까요?
¿Reservo una mesa en el restaurante?
레세르보 우나 메사 엔 엘 레스따우란떼?

레스토랑 예약 좀 도와주시겠어요?
¿Por favor, podría ayudarme a reservar un restaurante?
뽀르 파보르, 뽀드리아 아유다르메 아 레세르바르 운 레스따우란떼?

예약이 필요한가요?
¿Necesitamos hacer una reserva?
네쎄시따모쓰 아쎄르 우나 레세르바?

7시에 3인용 테이블을 예약하고 싶은데요.
Me gustaría reservar una mesa para tres personas a las 7.
메 구스따리아 레세르바르 우나 메사 빠라 뜨레쓰 뻬르소나쓰 아 라쓰 씨에떼

창가 쪽 테이블로 해 주세요.
Me gustaría sentarme cerca de la ventana.
메 구스따리아 쎈따르메 쎄르까 데 라 벤따나

예약을 변경하고 싶습니다.
Quiero cambiar mi reserva.
끼에로 깜비아르 미 레세르바

예약을 취소해 주세요.
Quería cancelar mi reserva, por favor.
께리아 깐쎌라르 미 레세르바, 뽀르 파보르

예약 없이 갔을 때

몇 분이신가요?
¿Para cuántas personas?
빠라 꾸안따쓰 뻬르소나쓰?

다섯 명입니다.
Somos cinco.
쏘모쓰 씽꼬

다섯 명을 위한 테이블이 필요합니다.
Necesitamos una mesa para cinco personas, por favor.
네쎄시따모쓰 우나 메사 빠라 씽꼬 뻬르소나, 뽀르 파보르

안쪽과 테라스 중 어느 자리로 드릴까요?
¿Quiere sentarse dentro o en la terraza?
끼에레 쎈따르세 덴뜨로 오 엔 라 떼라싸?

테라스 부탁합니다.
En la terraza, por favor.
엔 라 떼라싸, 뽀르 파보르

죄송하지만 지금 자리가 다 찼습니다.

Me temo que no hay mesas disponibles ahora.
메 떼모 께 노 아이 메사쓰 디스뽀니블레쓰 아오라

어느 정도 기다려야 하나요?

¿Cuánto tiempo tendremos que esperar?
꾸안또 띠엠뽀 뗀드레모쓰 께 에스뻬라르?

20분 정도 걸립니다. 기다리셔야 할 것 같습니다.

Hay unos 20 minutos de espera. Me temo que tendrá que esperar.
아이 우노쓰 베인떼 미누또쓰 데 에스뻬라. 메 떼모 께 뗀드라 께 에스뻬라르

메뉴 보기

메뉴판 좀 가져다주세요.

¿Me trae la carta, por favor?
메 뜨라에 라 까르따, 뽀르 파보르?

오늘의 추천 메뉴는 무엇인가요?

¿Qué me recomienda?
께 메 레꼬미엔다?

¿Tiene algún plato especial del día?
띠에네 알군 쁠라또 에스뻬씨알 델 디아?

메뉴를 좀 더 보고 싶은데요.

Necesitamos un poco más de tiempo para mirar la carta.
네쎄시따모쓰 운 뽀꼬 마쓰 데 띠엠뽀 빠라 미라르 라 까르따

주문을 잠시 후에 해도 괜찮을까요?

¿Podría tomar nuestro pedido un poco más tarde?
뽀드리아 또마르 누에스뜨로 뻬디도 운 뽀꼬 마쓰 따르데?

이곳의 특선 요리는 무엇인가요?

¿Cuál es la especialidad de este restaurante?
꾸알 에쓰 라 에스뻬씨알리닫 데 에스떼 레스따우란떼?

저희는 빠에야를 전문으로 하고 있습니다.

Nos especializamos en paella.
노쓰 에스뻬씨알리싸모쓰 엔 빠에야

주문하기-음료

#음료는 무엇으로 하시겠습니까?
¿Qué le gustaría tomar?
께 레 구스따리아 또마르?

#음료는 어떤 종류가 있습니까?
¿Qué tipo de bebidas tienen?
께 띠뽀 데 베비다쓰 띠에넨?

#물 주세요.
Quiero agua.
끼에로 아구아

Agua, por favor.
아구아, 뽀르 파보르

#와인 리스트를 볼 수 있을까요?
¿Puedo ver la carta de vinos?
뿌에도 베르 라 까르따 데 비노쓰?

¿Me da la carta de vinos?
메 다 라 까르따 데 비노쓰?

#흑맥주가 있나요?
¿Tienen cerveza negra?
띠에넨 쎄르베싸 네그라?

주문하기-메인 요리

스테이크는 어떻게 해 드릴까요?
¿Cómo le gusta la carne?
꼬모 레 구스따 라 까르네?

중간 정도로 익혀 주세요.
Al punto, por favor.
알 뿐또, 뽀르 파보르

완전히 익혀 주세요.
Muy hecha, por favor.
무이 에차, 뽀르 파보르

(사이드 메뉴로) 샐러드나 감자튀김 중 어떤 걸로 드릴까요?
¿Prefiere ensalada o patatas fritas como acompañamiento?
쁘레피에레 엔살라다 오 빠따따쓰 프리따쓰 꼬모 아꼼빠냐미엔또?

생선 요리는 어떤 종류가 있나요?
¿Qué platos de pescado tienen?
께 쁠라또쓰 데 뻬스까도 띠에넨?

추천해 주실만한 메인 음식이 있나요?
¿Me puede recomendar algo de segundo plato?
메 뿌에데 레꼬멘다르 알고 데 쎄군도 쁠라또?

주문하기-선택 사항

\# 밥과 빵 중 어느 것으로 하시겠어요?

¿Qué prefiere, pan o arroz?
께 쁘레피에레, 빤 오 아로쓰?

\# 수프나 샐러드가 함께 나옵니다. 어느 것으로 드릴까요?

Eso viene con sopa o ensalada. ¿Qué le gustaría?
에소 비에네 꼰 쏘빠 오 엔살라다. 께 레 구스따리아?

\# 사이드 메뉴로 수프와 샐러드 중 선택하실 수 있습니다. 어느 것으로 하시겠어요?

Puede elegir sopa o ensalada como acompañamiento de su plato. ¿Qué preferiría?
뿌에데 엘레히르 쏘빠 오 엔살라다 꼬모 아꼼빠냐미엔또 데 쑤 쁠라또. 께 쁘레페리리아?

\# 와인에는 레드 와인, 화이트 와인, 로제 와인이 준비되어 있습니다.

Tenemos vino tinto, blanco o rosado.
떼네모쓰 비노 띤또, 블랑꼬 오 로사도

\# 샐러드 드레싱은 어느 걸로 하시겠어요?

¿Qué tipo de salsa le gustaría con la ensalada?
께 띠뽀 데 쌀사 레 구스따리아 꼰 라 엔살라다?

주문하기-디저트

디저트는
괜찮습니다.
(안 먹겠습니다.)

No quiero postre.
노 끼에로 뽀스뜨레

Estoy bien sin postre.
에스또이 비엔 씬 뽀스뜨레

디저트를
주문하시겠습니까?

¿Quiere pedir algo de postre?
끼에레 뻬디르 알고 데 뽀르뜨레?

디저트로는
무엇이 있습니까?

¿Qué tipos de postre tiene?
께 띠뽀쓰 데 뽀스뜨레 띠에네?

¿Qué hay de postre?
께 아이 데 뽀스뜨레?

디저트는
아이스크림으로
할게요.

Quiero helado.
끼에로 엘라도

Helado, por favor.
엘라도, 뽀르 파보르

Voy a tomar un helado.
보이 아 또마르 운 엘라도

아이스크림은
어떤 맛이 있나요?

¿Qué sabores de helado tiene?
께 싸보레쓰 데 엘라도 띠에네?

저는 녹차를 마시겠습니다.
Quiero un té verde.
끼에로 운 떼 베르데

주문하기-요청 사항

소금은 빼 주세요.
Sin sal, por favor.
씬 쌀, 뽀르 파보르

너무 맵지 않게 해 주세요.
Que no sea demasiado picante, por favor.
께 노 쎄아 데마시아도 삐깐떼, 뽀르 파보르

빵을 좀 더 주세요.
¿Puede traerme más pan, por favor?
뿌에데 뜨라에르메 마쓰 빤, 뽀르 파보르?

소금 좀 갖다 주시겠어요?
¿Podría traerme un poco de sal, por favor?
뽀드리아 뜨라에르메 운 뽀꼬 데 쌀, 뽀르 파보르?

물 좀 더 주시겠어요?
¿Me da otro vaso de agua, por favor?
메 다 오뜨로 바소 데 아구아, 뽀르 파보르?

음료수를 바로 가져다 드리겠습니다.
Ahora mismo lo traigo.
아오라 미스모 로 뜨라이고

더 필요하신 건 없습니까?
¿Algo más?
알고 마쓰?

웨이터와 대화

이 음식은 무슨 재료를 사용한 겁니까?
¿Cuáles son los ingredientes de este plato?
꾸알레쓰 쏜 로쓰 잉그레디엔떼쓰 데 에스떼 쁠라또?

이 소스의 재료는 무엇인가요?
¿Cuál es la base de esta salsa?
꾸알 에쓰 라 바세 데 에스따 쌀사?

포크를 하나 더 가져다주시겠어요?
¿Me trae otro tenedor, por favor?
메 뜨라에 오뜨로 떼네도르, 뽀르 파보르?

식탁 좀 치워 주시겠어요?
¿Por favor, podría limpiar la mesa?
뽀르 파보르, 뽀드리아 림삐아르 라 메사?

테이블 위에
물 좀 닦아 주세요.

Por favor, podría limpiar el agua que se ha derramado en la mesa.
뽀르 파보르, 뽀드리아 림삐아르 엘 아구아 께 쎄 아 데라마도 엔 라 메사

접시 좀 치워 주시겠어요?

¿Por favor, podría recoger la mesa?
뽀르 파보르, 뽀드리아 레꼬헤르 라 메사?

서비스 불만

주문한 음식이 아직 안 나왔는데요.

No me han traído mi pedido.
노 메 안 뜨라이도 미 뻬디도

이건 제가 주문한 게 아닌데요.

Esto no es lo que pedí.
에스또 노 에쓰 로 께 뻬디

고기가 충분히 익지 않았는데요.

Esta carne no está lo suficientemente hecha.
에스따 까르네 노 에스따 로 쑤피씨엔떼멘떼 에차

좀 더 구워 주시겠어요?

¿Podría asarlo un poco más?
뽀드리아 아사를로 운 뽀꼬 마쓰?

이건 상한 것 같은데요.

Me temo que esta comida sabe rancia.
메 떼모 께 에스따 꼬미다 싸베 란씨아

Esta comida está en mal estado.
에스따 꼬미다 에스따 엔 말 에스따도

수프에 뭐가 들어 있어요.

Hay algo extraño en la sopa.
아이 알고 엑쓰뜨라뇨 엔 라 쏘빠

컵이 더러운데요. 다시 갖다 주시겠어요?

Este vaso no está limpio. ¿Puede traer otro?
에스떼 바소 노 에스따 림삐오. 뿌에데 뜨라에르 오뜨로?

음식 맛 평가

\# 오늘 음식 맛은 어떠셨나요?
¿Ha disfrutado hoy de su comida?
아 디스프루따도 오이 데 쑤 꼬미다?

\# 이렇게 맛있는 음식은 처음 먹어요.
Fue la comida más deliciosa que he probado.
푸에 라 꼬미다 마쓰 델리씨오사 께 에 쁘로바도

Es la mejor comida que he saboreado.
에쓰 라 메호르 꼬미다 께 에 싸보레아도

\# 좀 짠 것 같아요.
Está un poco salado para mi gusto.
에스따 운 뽀꼬 쌀라도 빠라 미 구스또

\# 좀 기름진 것 같은데요.
Creo que es un poco grasiento.
끄레오 께 에쓰 운 뽀꼬 그라시엔또

\# 죄송하지만, 제 입맛에 맞지 않아요.
Siento decirlo, pero en realidad no fue de mi gusto.
씨엔또 데씨를로, 뻬로 엔 레알리닫 노 푸에 데 미 구스또

계산

계산서 부탁합니다.
¿Me trae la cuenta, por favor?
메 뜨라에 라 꾸엔따, 뽀르 파보르?

계산은 어디서 하나요?
¿Dónde puedo pagar?
돈데 뿌에도 빠가르?

세금과 봉사료는 포함되어 있나요?
¿Están incluidos los impuestos y demás cargos por el servicio?
에스딴 인끌루이도쓰 로쓰 임뿌에스또쓰 이 데마쓰 까르고쓰 뽀르 엘 쎄르비씨오?

각자 계산하자.
Pagamos a escote.
빠가모쓰 아 에스꼬떼

오늘은 내가 살게.
Te invito hoy.
떼 임비또 오이

그가 이미 계산했어요.
Él ya pagó.
엘 야 빠고

카페

\# 커피 한잔 할래요?
¿Vamos a tomar un café?
바모쓰 아 또마르 운 까페?

\# 커피 한잔 하면서 얘기합시다.
Vamos a hablar mientras tomamos un café.
바모쓰 아 아블라르 미엔뜨라쓰 또마모쓰 운 까페

\# 제가 커피 한잔 살게요.
Le invito a un café.
레 임비또 아 운 까페

\# 커피를 진하게 주세요.
Me gustaría el café fuerte.
메 구스따리아 엘 까페 푸에르떼

\# 커피에 설탕이나 생크림을 얹을까요?
¿Quiere un poco de azúcar o nata encima de su café?
끼에레 운 뽀꼬 데 아쑤까르 오 나따 엔씨마 데 쑤 까페?

\# 설탕과 생크림을 얹어 주세요.
Con azúcar y nata, por favor.
꼰 아쑤까르 이 나따, 뽀르 파보르

패스트푸드

#다음 분
주문하세요.

El siguiente, por favor.
엘 씨기엔떼, 뽀르 파보르

#와퍼 하나랑
콜라 주세요.

Me gustaría un Whopper y una Coca-Cola, por favor.
메 구스따리아 운 워뻬르 이 우나 꼬까꼴라, 뽀르 파보르

#마요네즈는
빼 주세요.

Sin mayonesa, por favor.
씬 마요네사, 뽀르 파보르

#여기에서 드실
건가요 아니면
포장인가요?

¿Es para tomar aquí o para llevar?
에쓰 빠라 또마르 아끼 오 빠라 예바르?

#포장해 주세요.

Para llevar, por favor.
빠라 예바르, 뽀르 파보르

#버거에 치즈가
들어가나요?

¿La hamburguesa viene con queso?
라 암부르게사 비에네 꼰 께소?

\# 10분 정도 걸리는데 기다리시겠어요?

Tardará 10 minutos, ¿podría esperar?
따르다라 디에쓰 미누또쓰, 뽀드리아 에스뻬라르?

배달

\# 피자 시켜 먹자.

Vamos a pedir una pizza.
바모쓰 아 뻬디르 우나 삐싸

\# 좋아.

Vale, bien.
발레, 비엔
Es una buena idea.
에쓰 우나 부에나 이데아

\# 9.99유로에 작은 피자 두 판을 주문할 수 있는 쿠폰이 있어.

Tengo un cupón para dos pizzas pequeñas, por 9,99 euros.
뗑고 운 꾸뽄 빠라 도쓰 삐싸쓰 뻬께냐쓰, 뽀르 누에베 꼰 노벤따 이 누에베 에우로쓰

\# 합해서 12유로 59센트입니다.

Todo es 12,59 euros, por favor.
또도 에쓰 도쎄 꼰 씽꾸엔따 이 누에베 에우로, 뽀르 파보르

\# 배달되는 데 얼마나 걸릴까요?

¿Cuánto tardará la pizza en llegar hasta aquí?
꾸안또 따르다라 라 삐싸 엔 예가르 아스따 아끼?

#30분 이내에 배달되도록 해 주세요.

Por favor, que sea en 30 minutos o menos.
뽀르 파보르, 께 쎄아 엔 뜨레인따 미누또쓰 오 메노쓰

Unidad 2 시장 가기　　　　MP3. C05_U02

식재료 구매하기

\# 딸기 1킬로그램에 얼마인가요?

¿Cuánto vale un kilo de fresas?
꾸안또 발레 운 낄로 데 프레사쓰?

¿Cuánto cuesta un kilo de fresas?
꾸안또 꾸에스따 운 낄로 데 프레사쓰?

\# 생강 파나요?

¿Tiene jengibre?
띠에네 헹히브레?

\# 고등어 작은 걸로 두 마리 주세요.

Me da dos caballas pequeñas, por favor.
메 다 도쓰 까바야쓰 뻬께냐쓰, 뽀르 파보르.

\# 고등어는 머리와 내장은 제거해 주세요.

Por favor, quite la cabeza y las tripas de la caballa.
뽀르 파보르, 끼떼 라 까베싸 이 라쓰 뜨리빠쓰 데 라 까바야

\# 무엇을 더 드릴까요?

¿Qué más quiere?
께 마쓰 끼에레?

¿Algo más?
알고 마쓰?

이건 뭐예요? ¿Qué es esto?
께 에쓰 에스또?

요리 방법 물어보기

이건 어떻게 요리하나요? ¿Cómo se cocina esto?
꼬모 쎄 꼬씨나 에스또?

튀겨 먹을 수도 있나요? ¿Puedo freírlo?
뿌에도 프레이를로?

이미 조리되어 있는 것이라 따뜻하게 데우기만 하면 됩니다. Está precocinado, solo necesita calentarlo; nada más.
에스따 쁘레꼬씨나도, 쏠로 네쎄시따 깔렌따를로; 나다 마쓰

팬에 구운 뒤 굵은 소금을 뿌리기만 하면 됩니다. Solo hay que freírlo en la plancha y poner algo de sal gorda.
쏠로 아이 께 프레이를로 엔 라 쁠란차 이 뽀네르 알고 데 쌀 고르다

이 요리를 하는 데 시간이 많이 걸리나요? ¿Cuesta mucho cocinar este plato?
꾸에스따 무초 꼬씨나르 에스떼 쁠라또?

Unidad 3 대형 마트 & 슈퍼마켓   MP3.C05_U03

물건 찾기

전기 제품 매장은 어디인가요?
¿Dónde puedo encontrar los aparatos eléctricos?
돈데 뿌에도 엥꼰뜨라르 로쓰 아빠라또쓰 엘렉뜨릭꼬쓰?

식료품 매장은 지하에 있나요?
¿La zona para ingredientes está en el sótano?
라 쏘나 빠라 잉그레디엔떼쓰 에스따 엔 엘 쏘따노?

여기 전구를 파나요?
¿Venden aquí bombillas?
벤덴 아끼 봄비야쓰?

죄송합니다만 지금은 재고가 없군요.
Lo siento, está fuera de stock en la actualidad.
로 씨엔또, 에스따 푸에라 데 스톡 엔 라 악뚜알리닫

죄송하지만, 그 물건은 취급하지 않습니다.
Lo siento, pero no lo vendemos actualmente.
로 씨엔또, 뻬로 노 로 벤데모쓰 악뚜알멘떼

죄송하지만, 지금 문 닫을 시간인데요.
Lo siento, pero ya estamos cerrando.
로 씨엔또, 뻬로 야 에스따모쓰 쎄란도

#영업 시간이 어떻게 되나요? (몇 시에 문 닫나요?)	¿A qué hora cierra? 아 께 오라 씨에라?

구매하기

#카트를 가져 오는 것이 좋겠어.	Creo que será mejor ir a buscar un carrito de la compra. 끄레오 께 쎄라 메호르 이르 아 부스까르 운 까리또 데 라 꼼쁘라
#낱개 판매도 하나요?	¿Se vende por unidades? 쎄 벤데 뽀르 우니다데쓰?
#이것보다 저게 나을 것 같아.	Creo que esto es mejor que eso. 끄레오 께 에스또 에쓰 메호르 께 에소
#우유 한 박스 좀 카트에 담아줘.	Por favor, pon una caja de leche en el carrito. 뽀르 파보르, 뽄 우나 까하 데 레체 엔 엘 까리또
#샴푸가 어디 있는지 모르겠어요.	No sé donde está el champú. 노 쎄 돈데 에스따 엘 참뿌

지불하기

\# 계산대는 어디 있어요?

¿Dónde está la caja?
돈데 에스따 라 까하?

\# 봉투에 넣어 드릴까요?

¿Necesita una bolsa de plástico?
네쎄시따 우나 볼사 데 쁠라스띠꼬?

\# 신용카드로 계산하려면 신분증 확인이 필요합니다.

Necesitamos su DNI junto con la tarjeta de crédito.
네쎄시따모쓰 쑤 데 에네 이 훈또 꼰 라 따르헤따 데 끄레디또

\# 서명해 주시겠어요?

¿Puede firmar aquí?
뿌에데 피르마르 아끼?

Necesito su firma aquí.
네쎄시또 쑤 피르마 아끼

\# 제 차까지 짐을 운반해 주실 수 있으세요?

¿Podría echarme una mano para llevar esto a mi coche?
뽀드리아 에차르메 우나 마노 빠라 예바르 에스또 아 미 꼬체?

Capítulo 5.

Unidad 4 요리하기

요리하기

#오늘은 점심으로 빠에야를 준비했어.
He preparado paella para comer.
에 쁘레빠라도 빠에야 빠라 꼬메르

#빠에야는 좋은 육수를 준비하는 게 중요해.
Lo más importante para cocinar la paella es preparar el caldo.
로 마쓰 임뽀르딴떼 빠라 꼬씨나르 라 빠에야 에쓰 쁘레빠라르 엘 깔도

#저녁 준비하는 데 시간이 너무 오래 걸려.
Se tarda muchísimo tiempo en preparar la cena.
쎄 따르다 무치시모 띠엠뽀 엔 쁘레빠라르 라 쎄나

#맛이 어때?
¿A qué sabe?
아 께 싸베?

#할머니가 가르쳐 주신 요리법이야.
Esta receta era de mi abuela.
에스따 레쎄따 에라 데 미 아부엘라

#레시피 좀 공유해 줄 수 있니?
¿Te importaría compartir la receta?
떼 임뽀르따리아 꼼빠르띠르 라 레쎄따?

이 요리법에 나온 대로만 따라해 봐.
Solo tienes que seguir los pasos de esta receta.
쏠로 띠에네쓰 께 쎄기르 로쓰 빠소스 데 에스따 레쎄따

너 상그리아 만들 수 있니?
¿Puedes hacer sangría?
뿌에데쓰 아쎄르 쌍그리아?

상그리아에는 좋은 와인은 필요 없어.
No hace falta un buen vino para preparar sangría.
노 아쎄 팔따 운 부엔 비노 빠라 쁘레빠라르 쌍그리아

똘띠야를 만들 때 제일 어려운 것은 팬을 뒤집는 것이야.
Lo más difícil de hacer tortilla es girar la sartén.
로 마쓰 디피씰 데 아쎄르 또르띠야 에쓰 히라르 라 싸르뗀

스페인 요리에는 올리브유가 많이 사용된다.
Se usa mucho aceite de oliva en la comida española.
쎄 우사 무초 아쎄이떼 데 올리바 엔 라 꼬미다 에스빠뇰라

모르시야는 한국의 '순대'와 비슷하다.
La morcilla es muy parecida al "Sun-Dae".
라 모르씨야 에쓰 무이 빠레씨다 알 '순대'

여러분을 위해 준비한 저녁을 맛있게 드세요.
Por favor, disfrutad de la cena que preparé para vosotros.
뽀르 파보르, 디스프루땃 데 라 쎄나 께 쁘레빠레 빠라 보소뜨로쓰

Capítulo 5.

냉장고

#냉장고가 꽉 차서 더 넣을 공간이 없어.
El frigorífico está lleno, no hay nada de espacio.
엘 프리고리피꼬 에스따 예노, 노 아이 나다 데 에스빠씨오

#냉장고에 김치 냄새가 너무 나는걸.
Tiene un olor muy fuerte de Kim-Chi.
띠에네 운 올로르 무이 푸에르떼 데 낌치

#냉장고 정리 좀 해야겠어.
Tengo que organizar el frigorífico
뗑고 께 오르가니싸르 엘 프리고리피꼬

#얼음은 냉동고에 있다.
El hielo está en el congelador.
엘 이엘로 에스따 엔 엘 꽁헬라도르

#우리 집엔 여분의 작은 냉동고가 있다.
En mi casa, hay una nevera extra.
엔 미 까사, 아이 우나 네베라 엑쓰뜨라

#냉장고에 유통 기한이 지난 음식들이 가득하다.
Hay mucha comida caducada en el frigorífico.
아이 무차 꼬미다 까두까다 엔 엘 프리고리피꼬

El frigorífico está vacío.

#냉장고가 텅텅 비었다.

엘 프리고리피꼬 에스따 바씨오

Capítulo 5.

Capítulo 6
응급 상황

긴급한 일이나 사고를 당했을 때는
평소에 침착하던 사람도 당황합니다.
그럴 때일수록, 침착하게!
필요한 말을 찾아 위기를 잘 극복해 보세요!

Unidad 1   응급 상황
Unidad 2   길을 잃음
Unidad 3   사건 & 사고

Words

☐ **emergencia** 에메르헨씨아
　f. 응급, 긴급

☐ **ambulancia** 엠불란씨아
　f. 구급차

☐ **ayuda** 아유다
　f. 구조, 도움

☐ **herir** 에리르
　v. 상처를 입히다, 부상을 입히다

☐ **policía** 뽈리씨아
　f. 경찰 **m.f.** 경찰관

☐ **comisaría** 꼬미사리아
　f. 경찰서

☐ **denunciar** 데눈씨아르
　v. 알리다, 신고하다

☐ **testigo** 떼스띠고
　m.f. 증인, 목격자

☐ ladrón 라드론
m.f. 도둑, 강도

☐ carterista 까르떼리스따
m.f. 소매치기

☐ estafador/estafadora
에스따파도르/에스따파도라
m.f. 사기꾼

☐ incidente 인씨덴떼 m.
= accidente 악씨덴떼 m.
사건, 사고

☐ accidente de tráfico
악씨덴떼 데 뜨라피꼬
교통사고

☐ incendio 인쎈디오
m. 화재

☐ camión de bomberos
까미온 데 봄베로쓰
소방차

☐ terremoto 떼레모또
m. 지진

Unidad 1 응급 상황

MP3. C06_U01

응급 상황

#응급 상황이에요.
Es una emergencia.
에쓰 우나 에메르헨씨아

#병원까지 저를 좀 데려다 주시겠어요?
¿Por favor, podría llevarme al hospital?
뽀르 파보르, 뽀드리아 예바르메 알 오스삐딸?

#친구가 쓰러져서 의식이 없습니다.
Mi amigo se cayó y está inconsciente.
미 아미고 쎄 까요 이 에스따 잉꼰스씨엔떼

#그는 다리를 심하게 다친 것 같아요.
Parece que se hizo una herida en las piernas.
빠레쎄 께 쎄 이쏘 우나 에리다 엔 라쓰 삐에르나쓰

#정확한 상태를 말씀해 주시겠어요?
¿Me puede decir cuál es la situación exacta?
메 뿌에데 데씨르 꾸알 에쓰 라 씨뚜아씨온 엑싹따?

#응급실이 어디죠?
¿Dónde está la sala de emergencias, por favor?
돈데 에스따 라 쌀라 데 에메르헨씨아쓰, 뽀르 파보르?

\# 우리는 당장 그에게 응급 처치를 해야 해.

Tenemos que darle los primeros auxilios ahora mismo.
떼네모쓰 께 다를레 로쓰 쁘리메로쓰 아우씰리오쓰 아오라 미쓰모

구급차

\# 구급차 좀 보내 주시겠어요?

¿Podría enviar una ambulancia?
뽀드리아 엠비아르 우나 암불란씨아?

\# 구급차를 불러 주세요.

¿Por favor, podría llamar a una ambulancia?
뽀르 파보르, 뽀드리아 야마르 아 우나 암불란씨아?

\# 구급차를 불러야 하나요?

¿Debo llamar a una ambulancia?
데보 야마르 아 우나 암불란씨아?

\# 구급차를 바로 부를게.

Voy a llamar a una ambulancia ahora mismo.
보이 아 야마르 아 우나 암불란씨아 아오라 미쓰모

\# 어서 구급차를 불러.

Date prisa y llama a una ambulancia.
다떼 쁘리사 이 야마 아 우나 암불란씨아

\# 움직이지 못하게 하고 구급차가 도착할 때까지 기다려 주세요.

No dejes que se mueva y espere hasta que llegue la ambulancia.
노 데헤쓰 께 쎄 무에바 이 에스뻬레 아스따 께 예게 라 암불란씨아

\# 구급차가 와요.

Aquí viene la ambulancia.
아끼 비에네 라 암불란씨아

\# 구급차가 가는 중입니다.

Una ambulancia está en camino.
우나 암불란씨아 에스따 엔 까미노

\# 구급차가 곧 그곳에 도착할 것입니다.

La ambulancia llegará muy pronto.
라 암불란씨아 예가라 무이 쁘론또

\# 다행히 구급차가 바로 왔다.

Por suerte, una ambulancia llegó poco después.
뽀르 쑤에르떼, 우나 암불란씨아 예고 뽀꼬 데스뿌에쓰

\# 구급차가 올 때까지 제가 할 수 있는 것이 있나요?

¿Hay algo que pueda hacer antes de que llegue la ambulancia?
아이 알고 께 뿌에다 아쎄르 안떼쓰 데 께 예게 라 암불란씨아?

\# Gema는 구급차의 들것에 눕혀졌다.

Colocaron a Gema en la camilla de la ambulancia.
꼴로까론 아 헤마 엔 라 까미야 데 라 암불란씨아

Unidad 2 길을 잃음　　　　MP3. C06_U02

길을 잃음

\# 길을 잃었어요.

Me perdí.
메 뻬르디

No encuentro el camino.
노 엥꾸엔뜨로 엘 까미노

\# 지금 계신 곳이 어디인가요?

¿Dónde está usted ahora?
돈데 에스따 우스뗃 아오라?

\# 여기가 어디인지 모르겠어요.

No sé dónde estoy.
노 쎄 돈데 에스또이

\# 주변에 보이는 것을 말씀해 주시겠어요?

¿Me puede decir lo que ve a su alrededor?
메 뿌에데 데씨르 로 께 베 아 쑤 알레데도르?

미아

\# 딸을 잃어버렸어요.

Mi hija ha desaparecido.
미 이하 아 데사빠레씨도

He perdido a mi hija.
에 뻬르디도 아 미 이하

어디에서 잃어버리셨나요?

¿Dónde la perdió?
돈데 라 뻬르디오?

¿Dónde la vio por última vez?
돈데 라 비오 뽀르 울띠마 베쓰?

아이의 인상착의를 알려 주세요.

Por favor, dígame el aspecto de su hijo.
뽀르 파보르, 디가메 엘 아스뻭또 데 쑤 이호

여섯 살 난 제 딸이 사라졌어요.

Mi hija de 6 años parece haber desaparecido.
미 이하 데 쎄이쓰 아뇨쓰 빠레쎄 아베르 데사빠레씨도

미아를 찾기 위한 방송을 해 주시겠어요?

¿Podría anunciar la desaparición de un niño?
뽀드리아 아눈씨아르 라 데사빠리씨온 데 운 니뇨?

미아보호소가 어디예요?

¿Dónde está el punto de niños perdidos?
돈데 에스따 엘 뿐또 데 니뇨쓰 뻬르디도쓰?

미아 방송을 내자.
(실종 아이를 알리자.)
(쇼핑몰, 대공원 등 '미아를 찾습니다.'의 방송 멘트도 가능)

Comuniquemos la desaparición del niño.
꼬무니께모쓰 라 데사빠리씨온 델 니뇨

Unidad 3 사건 & 사고   MP3. C06_U03

분실 사고

분실물 보관소는 어디인가요?
¿Dónde está objetos perdidos?
돈데 에스따 옵헥또쓰 뻬르디도쓰?

언제 어디에서 분실했습니까?
¿Cuándo y dónde lo perdió?
꾸안도 이 돈데 로 뻬르디오?

신용카드를 잃어버렸습니다.
Perdí mi tarjeta de crédito.
뻬르디 미 따르헤따 데 끄레디또

택시 안에 가방을 두고 내렸어요.
Olvidé mi bolso en un taxi.
올비데 미 볼소 엔 운 딱씨

어디에서 잃어버렸는지 기억이 안 나요.
No recuerdo dónde lo perdí.
노 레꾸에르도 돈데 로 뻬르디

여기에서 휴대전화를 보지 못했나요?
¿No ha visto un móvil por aquí?
노 아 비스또 운 모빌 뽀르 아끼?

분실 신고 & 분실물 센터

#분실물은 저희가 책임질 수 없습니다.
No podemos asumir la responsabilidad de las cosas perdidas.
노 뽀데모쓰 아수미르 라 레스뽄사빌리단 데 라쓰 꼬사쓰 뻬르디다쓰

#분실물 신청용지를 작성해 주세요.
Rellena el formulario de equipaje extraviado.
레예나 엘 포르물라리오 데 에끼빠헤 엑쓰뜨라비아도

#분실한 짐을 찾으러 왔습니다.
Estoy aquí para recoger el equipaje que perdí.
에스또이 아끼 빠라 레꼬헤르 엘 에끼빠헤 께 뻬르디

#분실한 카드를 신고하려고 합니다.
Quisiera informar de una tarjeta extraviada.
끼시에라 임포르마르 데 우나 따르헤따 엑쓰뜨라비아다

#어서 카드 분실 신고를 해.
Será mejor que te des prisa e informes de la tarjeta que falta.
쎄라 메호르 께 떼 데쓰 쁘리사 에 임포르메쓰 데 라 따르헤따 께 팔따

\# (우리) 분실물 센터에 가 보는 게 좋겠다.

Es mejor que vayamos a objetos perdidos.
에쓰 메호르 께 바야모쓰 아 옵헥또쓰 뻬르디도쓰

\# 분실물 센터에 가서 확인해 봐.

Ve a objetos perdidos a preguntarlo.
베 아 옵헥또쓰 뻬르디도쓰 아 쁘레군따를로

도난

\# 도둑이야!

¡Ladrón!
라드론!

\# 제 지갑을 도난 당했습니다.

Me robaron la cartera.
메 로바론 라 까르떼라

\# 그가 제 가방을 훔쳤습니다.

Robó mi bolso.
로보 미 볼쏘

\# 누가 제 가방을 가져갔어요.

Alguien cogió mi bolso.
알기엔 꼬히오 미 볼쏘

# 강도를 당했어요.	**Me han robado.** 메 안 로바도
# 경비원을 불러 주세요.	**Llame a un agente de seguridad.** 야메 아 운 아헨떼 데 쎄구리닫
# 도난 신고 했어?	**¿Has denunciado el robo a la policía?** 아쓰 데눈씨아도 엘 로보 아 라 뽈리씨아?
# 외출한 사이 누가 방에 침입했습니다.	**Alguien entró en mi habitación mientras estaba fuera.** 알기엔 엔뜨로 엔 미 아비따씨온 미엔뜨라쓰 에스따바 푸에라

소매치기

# 도와주세요!	**¡Ayúdeme!** 아유데메! **¡Socorro!** 쏘꼬로!
# 소매치기 주의!	**¡Ten cuidado con los carteristas!** 뗀 꾸이다도 꼰 로쓰 까르떼리스따쓰!

가방을
빼앗겼어요.

Me han quitado el bolso.
메 안 끼따도 엘 볼쏘

Alguien me robó el bolso.
알기엔 메 로보 엘 볼소

소매치기가 내
지갑을 훔쳤어요.

Un carterista me quitó la cartera.
운 까르떼리스따 메 끼또 라 까르떼라

Un carterista me robó la billetera.
운 까르떼리스따 메 로보 라 비예떼라

경찰을
부르겠어요.

Llamaré a la policía.
야마레 아 라 뽈리씨아

여기에서는
지갑을 조심하세요.
소매치기당하기
쉽거든요.

Tenga cuidado con sus pertenencias, hay carteristas por la zona.
뗑가 꾸이다도 꼰 쑤쓰 뻬르떼넨씨아쓰, 아이 까르떼리스따쓰 뽀르 라 쏘나

소매치기가
코앞에서 그것을
훔쳐갔어요.

El carterista me ha robado delante de mis narices.
엘 까르떼리스따 메 아 로바도 델란떼 데 미쓰 나리쎄쓰

Capítulo 6.

\# 오늘 아침 지하철에서 소매치기를 당했어요.

Me han quitado la cartera en el metro esta mañana.
메 안 끼따도 라 까르떼라 엔 엘 메뜨로 에스따 마냐나

사기

\# 이 사기꾼이 나를 속이고 내 돈을 빼앗았어요.

Ese estafador me ha engañado y se ha llevado mi dinero.
에세 에스따파도르 메 아 엔가냐도 이 쎄 아 예바도 미 디네로

\# 그는 사기꾼이에요.

Es un artista de la estafa.
에쓰 운 아르띠스따 데 라 에스따파

Es un maldito estafador.
에쓰 운 말디또 에스따파도르

\# 사기 치지 마!

¡No me tomes el pelo!
노 메 또메쓰 엘 뻴로!

\# 그건 순전히 사기야.

Francamente, es una estafa.
프랑까멘떼, 에쓰 우나 에스따파

#그는 사기죄로 체포됐다.	**Fue detenido bajo la acusación de fraude.** 푸에 데떼니도 바호 라 아꾸사씨온 데 프라우데 **Fue acusado de fraude.** 푸에 아꾸사도 데 프라우데
#그는 공금 횡령죄로 체포되었다.	**Fue arrestado por malversación.** 푸에 아레스따도 뽀르 말베르사씨온
#택시 운전사한테 사기당했어.	**El taxista nos timó.** 엘 딱씨스따 노쓰 띠모
#그는 완전히 사기꾼이야. (그는 완전 초리쏘 (염장 햄의 한 종류)야.)	**Es un chorizo.** 에쓰 운 초리쏘

경찰 신고

#여기에서 가장 가까운 경찰서가 어디인가요?	**¿Dónde está la comisaría más cercana?** 돈데 에스따 라 꼬미사리아 마쓰 쎄르까나?

# 경찰을 불러 주세요.	**Llame a la policía.** 야메 아 라 뽈리씨아
# 도난 신고를 하려고 합니다.	**Me gustaría denunciar un robo.** 메 구스따리아 데눈씨아르 운 로보
# 도난 신고를 할 수 있습니까?	**¿Podría poner una denuncia por robo?** 뽀드리아 뽀네르 우나 데눈씨아 뽀르 로보?
# 어디에 신고해야 합니까?	**¿Dónde debo denunciarlo?** 돈데 데보 데눈씨아를로?
# (우리) 가까운 경찰서에 가서 (네가) 신고하는 게 좋겠어요.	**Mejor que vayamos a la comisaría y lo denuncies.** 메호르 께 바야모쓰 아 라 꼬미사리아 이 로 데눈씨에쓰
# 한국 대사관에 연락해 주세요.	**Por favor, llame a la embajada de Corea.** 뽀르 파보르, 야메 아 라 엠바하다 데 꼬레아 **Quiero contactar con la embajada de Corea.** 끼에로 꼰딱따르 꼰 라 엠바하다 데 꼬레아

교통사고

#교통사고 신고를 하려고 합니다.
Quiero informar de un accidente de coche.
끼에로 임포르마르 데 운 악씨덴떼 데 꼬체

#교통사고를 목격했습니다.
Fui testigo de un accidente de tráfico.
푸이 떼스띠고 데 운 악씨덴떼 데 뜨라피꼬

#교통사고를 당했어요.
Tuve un accidente de coche.
뚜베 운 악씨덴떼 데 꼬체

#그 차가 내 차의 측면을 들이받았어요.
El coche chocó contra mi costado.
엘 꼬체 초꼬 꼰뜨라 미 꼬스따도

#정면 충돌이었어요.
Fue una colisión frontal.
푸에 우나 꼴리시온 프론딸

#그 교통사고는 언제 일어난 거죠?
¿Cuándo ocurrió el accidente de tráfico?
꾸안도 오꾸리오 엘 악씨덴떼 데 뜨라피꼬?

# 하마터면 사고를 당할 뻔했어요.	Casi tenemos un accidente. 까시 떼네모쓰 운 악씨덴떼
# 사고 증명서를 만들어 주실 수 있습니까?	¿Me puede dar un comprobante del accidente, por favor? 메 뿌에데 다르 운 꼼쁘로반떼 델 악씨덴떼, 뽀르 파보르?
# 운전면허증을 보여 주세요.	Necesito ver su permiso de conducir, por favor. 네쎄시또 베르 쑤 뻬르미소 데 꼰두씨르, 뽀르 파보르
# 보험은 가입되어 있나요?	¿Está asegurado su coche? 에스따 아세구라도 쑤 꼬체?
# 보험의 유효 기간은 어떻게 되나요?	¿Por cuánto tiempo dura el seguro? 뽀르 꾸안또 띠엠뽀 두라 엘 쎄구로?
# 이곳은 교통사고 다발 지점이에요.	Este tramo es un punto negro de accidentes de tráfico. 에스떼 뜨라모 에쓰 운 뿐또 네그로 데 악씨덴떼쓰 데 뜨라피꼬
# 음주 측정기를 부십시오.	Por favor, sople en el alcoholímetro por aquí. 뽀르 파보르, 쏘쁠레 엔 엘 알꼬올리메뜨로 뽀르 아끼

정지 신호에서 멈추지 않으셨습니다.

No se detuvo en la señal de stop.
노 쎄 데뚜보 엔 라 쎄냘 데 스톱

안전사고

그는 수영 중에 익사할 뻔했다.

Estuvo a punto de ahogarse mientras nadaba.
에스뚜보 아 뿐또 데 아오가르세 미엔뜨라쓰 나다바

그는 감전되어 죽을 뻔했다.

Él casi se muere por una descarga eléctrica.
엘 까시 쎄 무에레 뽀르 우나 데스까르가 엘렉뜨리까

계단에서 미끄러졌어.

Me resbalé por las escaleras.
메 레스발레 뽀르 라쓰 에스깔레라쓰

나는 미끄러졌지만 재빨리 난간을 잡았다.

Me resbalé, pero pude controlarlo ya que agarré rápidamente la barandilla.
메 레스발레, 뻬로 뿌데 꼰뜨롤라를로 야 께 아가레 라삐다멘떼 라 바란디야

# 계단에서 미끄러지지 않도록 조심해라.	Cuidado con el escalón no te resbales. 꾸이다도 꼰 엘 에스깔론 노 떼 레스발레스
# 자전거를 타다가 넘어졌어요.	Me caí de la bici. 메 까이 데 라 비씨
# 넘어져서 일어나지 못하겠어요.	Me he caído y no puedo levantarme. 메 에 까이도 이 노 뿌에도 레반따르메
# 할머니는 넘어져서 무릎을 다치셨어.	Mi abuela se cayó y se golpeó las rodillas. 미 아부엘라 쎄 까요 이 쎄 골뻬오 라쓰 로디야쓰

화재

# 불이야!	¡Fuego! 푸에고!
# 소방서에 연락하세요. (소방관을 부르세요.)	Llame a los bomberos. 야메 아 로쓰 봄베로쓰

어젯밤에 화재가 났어요.

Anoche se desató un incendio.
아노체 쎄 데사또 운 인쎈디오

Se produjo un incendio ayer por la noche.
쎄 쁘로두호 운 인쎈디오 아예르 뽀르 라 노체

Hubo un incendio anoche.
우보 운 인쎈디오 아노체

어젯밤 화재로 그 빌딩은 전소됐다.

Ayer por la noche el fuego devastó el edificio.
아예르 뽀르 라 노체 엘 푸에고 데바스또 엘 에디피씨오

화재는 보통 부주의해서 발생한다.

El descuido es a menudo la causa principal de los incendios.
엘 데스꾸이도 에쓰 아 메누도 라 까우사 쁘린씨빨 데 로쓰 인쎈디오쓰

소방관들은 5분만에 화재 현장에 도착했다.

Los bomberos llegaron al fuego a los 5 minutos.
로쓰 봄베로쓰 예가론 알 푸에고 아 로쓰 씽꼬 미누또쓰

그 화재의 원인이 뭐예요?

¿Cuál fue la causa del incendio?
꾸알 푸에 라 까우사 델 인쎈디오?

그 화재 원인은 확실하지 않아요.

La causa del incendio se desconoce.
라 까우사 델 인쎈디오 쎄 데스꼬노쎄

Capítulo 6.

자연재해

#간밤에 지진이 일어났어요.
Anoche se sintió un terremoto.
아노체 쎄 씬띠오 운 떼레모또

#그 마을은 지진으로 파괴되었다.
El pueblo fue destruido por un terremoto.
엘 뿌에블로 푸에 데스뜨루이도 뽀르 운 떼레모또

#지진이 빚은 참사는 끔찍하다.
El terremoto ha generado un desastre.
엘 떼레모또 아 헤네라도 운 데사스뜨레

#홍수로 많은 농작물이 피해를 입었다.
La inundación causó muchos daños a los cultivos.
라 이눈다씨온 까우소 무초쓰 다뇨쓰 아 로쓰 꿀띠보쓰

#이번 홍수로 수백만 명의 이재민이 발생했어요.
La inundación dejó a millones de personas sin hogar.
라 이눈다씨온 데호 아 미요네쓰 데 뻬르소나쓰 씬 오가르

#그들은 이미 홍수 피해를 복구했다.
Ya se han recuperado de los efectos de la inundación.
야 쎄 안 레꾸뻬라도 데 로쓰 에펙또쓰 데 라 이눈다씨온